언론의 자유

FREE SPEECH : A Very Short Introduction, First edition
Copyright © 2009 by Oxford University Press, Inc.

FREE SPEECH was originally published in English in 2009.
This translation is published by arrangement with Oxford University Press.
Korean translation copyright © 2025 by GYOYUDANG Publishers
Korean translation rights arranged with Oxford University Press through EYA Co.,Ltd.

이 책의 한국어판 저작권은 EYA를 통해
Oxford University Press사와 독점계약한 (주)교유당에 있습니다.
저작권법에 의하여 한국 내에서 보호를 받는 저작물이므로 무단전재 및 복제를 금합니다.

첫단추 시리즈

언론의 자유

나이절 워버턴 지음
박준영 옮김

교유서가

일러두기
본문에서 〔 〕 안의 내용은 옮긴이가 덧붙인 것이다.

서문

이 책의 목적은 단순하다. 나는 언론의 자유란 무엇이며 왜 우리가 그것에 관심을 기울여야 하는지에 관한 주요 주장을 비판적으로 개관하고자 한다.

제1장은 주요 논쟁과 최근 사례를 훑어본다. 제2장에서는 언론의 자유를 옹호하는 고전적 자유주의 입장의 주된 특징을 개술한다. 제3장에서는 모욕감 유발의 문제를 검토하는데, 특히 종교인은 모욕으로부터 특별 보호를 받아야 한다는 의견을 살펴본다. 제4장은 포르노그래피와 검열을 둘러싼 다양한 찬반 논란에 초점을 맞춘다. 아울러 예술작품은 검열로부터 특별 보호를 받아야 하는가에 관한 논쟁도 다룬다. 제5장에서는 인터넷이 저작권에 대한 기존 접근법에 의문을 제

기하는 등, 언론의 자유에 관한 질문을 변화시키는 몇 가지 방식을 고찰한다. 마지막 장에서는 언론 자유의 미래를 간략히 전망해본다.

이 책의 초고에 대해 의견을 주고 관련 사례를 제안해준 마이클 클라크(Michael Clark)와 리처드 쿰스(Richard Combes), 앤드루 콥슨(Andrew Copson), 스튜어트 프랭클린(Stuart Franklin), 앨런 하워스(Alan Haworth), 헤더 맥컬럼(Heather McCallum), 캐설 모로(Cathal Morrow) 외 많은 분에게 매우 감사드린다. 특히 지난 1년간 여러 수정 원고를 꼼꼼히 읽으며 이 책의 아이디어들에 관해 세심히 피드백하고 의논해준 데이비드 에드먼즈(David Edmonds)와 애나 모츠(Anna Motz)에게 깊이 고마움을 전한다. 옥스퍼드대학교출판부의 루시아나 오프라허티(Luciana O'Flaherty)와 제임스 톰프슨(James Thompson), 키라 디킨슨(Keira Dickinson), 앤드리아 키건(Andrea Keegan), 도판을 조사해준 데버라 프로세로(Deborah Protheroe)에게도 사의를 표한다.

차례

- 서문 005

1. 언론의 자유 --- 009

2. 사상의 자유시장? --- 041

3. 모욕 주고받기 --- 073

4. 포르노그래피 검열 -- 101

5. 인터넷 시대의 언론 자유 ----------------------------------- 137

결론: 언론 자유의 미래 -------------------------------------- 163

언론의 자유: 주요 사건들 ------------------------------------ 173

- 참고문헌 177
- 독서 안내 185
- 역자 후기 188
- 도판 목록 194

제 1 장

언론의 자유

"나는 당신이 하는 말은 경멸하나 당신이 말할 권리는 목숨을 걸고서라도 지켜주겠다."

볼테르(Voltaire)의 말이라고 전해지는 이 선언(영국 작가 에벌린 홀Evelyn Hall이 볼테르의 평전을 쓰면서 그의 사상을 간추려 설명하기 위해 사용한 표현—옮긴이)에 본서의 골자가 압축되어 있다. 즉 언론의 자유는 듣기 싫은 말을 들을 때조차 열렬히 옹호할 가치가 있다. 내 발언뿐 아니라 내가 듣고 싶어하지 않는 발언을 보호하는 것도 언론 자유의 책무다. 이 원칙은 민주주의의 핵심이자 인간의 기본권이며, 그것을 보호하는 것은 관용적 문명사회의 표식이다.

유엔의 세계인권선언 제19조와 미국의 수정헌법 제1조는 모두 표현의 자유를 보호해야 할 필요성을 명문화하고 있다.

수정헌법 제1조

> 연방의회는(……) 언론(speech) 및 출판(press)의 자유나, 국민이 평화롭게 집회하고 고충 해소를 위해 정부에 청원할 권리를 침해하는 법률을 제정할 수 없다.
>
> 미국 수정헌법 제1조

> 모든 사람은 의견 및 표현의 자유를 누릴 권리가 있으며, 이 권리는 간섭 없이 의견을 갖고, 국경을 초월해 어떤 매체를 통해서든 정보와 사상을 찾고, 얻고, 전할 수 있는 자유를 포함한다.
>
> 1948년 유엔 세계인권선언 제19조

두 경우는 모두 언론 자유 원칙의 근본적 중요성을 시사하지만, 보호받지 못한다면 이 자유가 얼마나 취약할 수 있는지를 인정하는 것이기도 하다. 널리 인정되듯, 수정헌법 제1조의 목적은 중앙정부가 바로 저 영역을 침범하지 못하도록 막는 것이었다. 그것은 검열을 마치 정부 시책에 대한 비판을 차단하는 합법적 수단인 양 이용하는 것을 막는 보루다. 반대자의 입을 틀어막고자 법이나 무력을 사용하고 싶은 유혹은 뿌리치기 힘들다. 우리를 대리하는 사람들을 비판하고 그들에게 이의를 제기할 자유가 없다면 민주국가는 독재국가로 퇴보할 것이다. 그런데 언론의 자유를 제한하는 것은 정부만이 아니며, 보호해야 하는 것은 정치적 발언만이 아니다.

여러 법률 사건을 다루기는 하겠지만 이 책은 인권법이라든가 수정헌법 제1조의 해석에 관한 것이 아니다. 내 목적은 언론의 자유와 그 가치 및 한계에 관한 주요 주장을 비판적으로 개관하는 것이다. 내가 특정 법률을 논하는 대목은 항상 그 법률의 도덕적 정당성에 대한 폭넓은 철학적 관심의 맥락 속에 있다. 이 책을 이끌어가는 근본 물음들은 도덕적이다. '언론 자유의 가치는 무엇인가?' 그리고 '우리는 언론의 자유에 어떤 한계를 설정해야 하는가?' 모든 인간은 자기 자신을 표현할 수 있는 자격과 타인의 자유로운 표현을 듣고, 읽고, 볼 수 있는 기회를 얻는 데 관심을 쏟는다. 언론의 자유는 민주사회에서 특별한 의미를 갖는다.

언론의 자유가 중요하다는 믿음은 계몽주의시대로부터 물려받은 도그마가 아니다. 단지 그런 것에 불과하다고 주장해온 사람들도 있기는 하지만. 카를 마르크스(Karl Marx)는 자유권이 인류의 영구적 이익보다는 개인주의적 유산계급의 이익을 보전하는 경향이 있다고 보았다. 필자의 생각은 다르다. 광범한 언론의 자유를 누릴 권리를 선포하는 것은 경제적으로나 정치적으로 힘있는 사람들의 발언을 보호하기 위한 편리한 명분이 아니다.

언론의 자유는 민주사회에서 특별한 가치를 지닌다. 민주국가의 유권자는 다양한 의견을 청취하고 이의를 제기하는 데 관심을 가지며, 어떤 견해가 정치적, 도덕적, 개인적으로 반감을 불러일으킬 때조차 바로 그 견해와 더불어 사안에 관한 실상과 해석에도 귀를 기울인다. 이런 의견들이 항상 신문과 라디오, 텔레비전을 통해 직접 전달되는 것은 아니다. 소설이나 시, 영화, 만화, 노랫말로 제시될 때도 많다. 또 깃발을 훼손한다거나, 많은 베트남전 반대 시위자가 그랬듯 징집영장을 불태우는 것과 같은 상징적 행위로 표현되기도 한다. 한편 민주국가의 구성원은 어떻게 하면 다양한 시민이 일방적으로 하달된 정책의 수동적 수용자가 되기보다는 정치적 논쟁의 능동적 참여자가 될 수 있는지에도 관심을 쏟는다.

어떤 사람들은 여기서 더 나아가 광범한 언론의 자유를 보장하지 않는다면 그러한 정부는 결코 합법적일 수 없으며 '민주적'이라고 불려서도 안 된다고 주장한다. 이런 관점에서 민주주의는 선거와 보통선거권의 보장 그 이상을 의미한다. 즉 언론의 자유를 광범하게 보호하는 것은 민주적이라고 불릴 만한 모든 국가의 전제 조건이며, 그렇지 않은 정부는 진정으로 참여적일 수 없다. 이것은 로널드 드워킨(Ronald Dworkin)의 입장이다.

> 언론의 자유는 합법적 정부의 조건이다. 법률과 정책은 민주적 절차를 통해 채택되지 않는 한 적법하지 않으며, 만일 누군가가 그런 법률과 정책이 어떠해야 하는지에 대해 그의 신념을 표현하는 것을 정부가 가로막는다면 절차는 민주적이지 않다.

> 민주국가에서는 내 정치적 대리인의 행보에 대해 할말이 있다면, 몇 년에 한 번 투표지의 후보자 이름 옆에 [영국의 경우] X를 표시하는 것 이상의 방법으로 의견을 표현할 수 있어야 한다.

그러나 상황은 그리 간단치 않다. 여러 유형의 표현이 예상 가능한 위험한 결과를 초래한다. 언론의 자유보다 다른 요소가 더 중요할 때도 있다. 예를 들어 국가안보가 심각하게 위협받거나 아이들이 치명적 해를 입을 위험이 있는 경우, 많은 사람이 어느 정도는 다른 목적을 위해 언론의 자유를 제한받을 것을 각오한다. 철학자 토머스 스캔런(Thomas M. Scanlon)이이 지적하듯 언론의 자유에는 대가가 따른다.

사람들이 하는 말이 상처를 주고, 개인정보를 유출하고, 위험한 공공정보를 누설할 수도 있습니다. 그것은 아무것도 중요하지 않기 때문에 무엇이든 할 수 있는 자유 구역이 아닙니다. 언론은 중요합니다.

여기서 난점은 언론의 자유를 우선 보장하고 이 추정 원칙에 예외를 규정하되, 그것을 일관되게 적용하는 과정에서 바람직하지 않은 검열이 허용되지 않게끔 하는 것이다. 그리고 검열을 한 번 두 번 허용할 때마다 추가 검열이 더 쉽게 이루어진다는 합리적 우려도 있으며, 따라서 이런 점진적 침해에 대한 우려는 언론의 자유를 소중히 여기는 사람들이 아주 사소해 보이는 자유 제한에도 극렬히 반발할 수 있는 한 가지 이유가 된다.

'언론'이란 무엇을 뜻하는가?

이 책에서 필자는 '언론(speech)'을 입말(엄밀한 의미의 'speech')뿐 아니라 글말과 연극, 영화, 비디오, 사진, 만화, 회화 등 갖가지 표현을 아우르는 넓은 의미로 사용할 것이다. 말이나 글로 표현된 사상이 논란을 일으키는 경우는 대개 표현의 맥락이 그 의미를 결정한다. 특정한 시간과 장소에서 사상을 표현하는 행위는 예측 가능한 영향을 미치며, 청자나 독자는 하나의 표현을 예상되는 해석과 더불어 그 맥락에서 의도적으로 전달된 것으로 이해한다. 이와 마찬가지로 영화나 비디오, 사진, 소묘, 회화가 제시되는 맥락 또한 그것이 받아들여지는 방식에 직접 영향을 줄 것이다. 따라서 언론의 자유, 또는 표현의 자유와 관련된 구체적 사례를 이해하려면 해당 표현이 언제, 누구에게, 무슨 의도로, 적어도 예측 가능한 어떤 효과를 노리고 행해졌는지 파악해야 한다.

앞서 언급했듯 사상은 공개적으로 깃발을 훼손하거나 징집영장을 불태우는 것과 같은 상징적 행위로 표현되기도 한다. 이런 행위가 어떤 메시지를 전달할 의도로 수행된 것이 분명하다면 말글의 형식이 아니라고 해서 언론의 사례에서 배제할 수는 없다. 개인이 그런 상징적 행위로 자신의 견해를 알리려고 하는데 법률이나 무력에 가로막힌다면 그는 언론의 자유를 침해당한 것이다. 1969년에 미국 연방대법원은 학생들이 학교에서, 베트남전에 반대한다는 의사 표시로 검은색 팔띠를 착용하는 것은 수정헌법 제1조가 보장하는 의사전달 행위로서 보호받는다고 판결했다.

일반적으로 언론의 자유는 사적 대화라든가 욕실 거울을 보고 내뱉는 독백과 연관된 쟁점이 아니다. 냉전시대 동독에서 반체제 인사로 의심받던 사람들이 겪었듯 당신이 방을 도

청당한 경우가 아니라면 말이다. 언론의 자유에 관한 질문은 주로 공적 의사 전달과 관련해 제기된다. 이를테면 책, 시, 기사, 사진 등을 출판하거나 라디오 또는 텔레비전 프로그램을 방송하는 것, 예술작품을 만들어 전시하는 것, 정치집회에 나가 연설하는 것을 비롯해, 어쩌면 웹로그(weblog)에 비평을 게시하거나 팟캐스트를 통해 발언하는 것도 거기에 포함될 수 있다. 언론의 자유는 픽션 작가와 논픽션 작가 모두에게 특히 중요한데 사상을 공개적으로 전달하는 것이 그들 활동의 본질이기 때문이다. 논픽션 작가에게는 그들이 이해하는 대로 진실을 알릴 수 있는 자유가 필수다. 픽션 작가의 경우 이념적, 종교적 이유 등으로 그들이 자신의 사상을 표현하는 데 제약이 가해지면 창의성의 핵심이 손상된다. 지난 30여 년간 계간지 〈인덱스 온 센서쉽Index on Censorship〉은 이런 기본적인 의사 전달 권리를 부인당한 작가들의 사례로 손쉽게 지면을 채워왔다. 전 세계의 감옥에는 고발자의 시각에서 용인할 수 있는 의사 전달의 한계선을 넘은 많은 작가가 투옥되어 있으며, 역사상 위대한 많은 작가가 사상을 표현했다는 이유로 구속되거나 고문당하고, 심지어 살해되기까지 했다.

'언론'이라는 용어는 개인이 사용할 수 있는 가장 직접적이고 사적인 수단 중 하나인 목소리를 통한 의사전달의 개념과 연결된다는 장점이 있다. 어떤 점에서는 '표현(expression)'이라고 쓰는 것이 더 정확하나, 그것은 아무래도 표현되는 것은 주관적이라는 함의 또한 지닌다. 하지만 작가와 같은 사람들이 검열을 당하는 여러 논란의 사례에서 그들이 공중에게 널리 알리고자 하는 실상은 주관적이지 않다. 예컨대 1989년 톈안먼광장 대학살로 정확히 몇 명의 학생이 사망했는지를 상세히 기술하는 중국 작가는 사상을 '표현'하고 있다기보다는 사실을 전달하고 있는 것이다. 설사 중국 정부가 그의 발언을 막는다고 해도 진실은 변하지 않는다.

검열은 개인 또는 단체의 **목소리**를 제거하는 것에 자주 비유된다. 1988년에 영국 정부는 신페인(Sinn Fein)당 지도부의 메시지를 무력화하고자 했고, 뉴스 방송에서 그들의 말을 성우가 대신하게 함으로써 말 그대로 목소리를 제거했다는 사실은 의미심장하다. 신페인당 지도자인 제리 애덤스(Gerry Adams)나 마틴 맥기니스(Martin McGuinness)가 직접 말하는 것보다는 그들을 믿지 않을 성싶은 성우가 그들을 대신해 중립적 어조로 말하면 말 자체의 힘이 약해지리라는 생각에서였다. 이 기괴한 술책은 역효과를 낳았다. 뉴스 방송은 오히려 신페인당 지도자들이 다소간 언론의 자유를 침해당하고 있다는 것을 비언어적으로 상기시키는 역할을 했다.

언론의 자유라는 주제를 다룰 때 거의 언급되지 않는 또하나의 측면은 사람들이 자신의 견해를 드러낼 수 없다고 느끼거나, 그리하는 것을 강력히 제지당하는 분위기 속에서는 통념에 어긋나는 견해를 단순히 내면화하는 것조차 불가능할 수 있다는 점이다. 보통 우리는 청자에게, 적어도 잠재적 청자에게 직접 표현을 하려고 시도하기 전까지는 자기가 생각하는 바가 무엇인지를 정확히 모르며, 사상가 대부분은 그들의 사상에 동의하는 사람이든 아니든 간에 타인과 소통함으로써 사상을 발전시킨다. 정치범으로 수감되어 머릿속으로 시를 썼다는 작가들도 실제로 있기는 하지만 소설 전체나 한 권 분량의 논픽션 작품을 기억 속에 보관할 수 있는 작가는 극히 드물 것이다. 더구나 어떤 종류의 글은 폭넓은 조사가 필요하다. 특정한 사상의 표현을 금지하는 국가에서는 그런 사상을 설득력 있게 표현하는 데 필요한 자료에 접근하는 것도 대체로 거부된다. 독방 감금은 특히 효과적인 검열 수단이어서 반체제 작가와 사상가들에게 널리 행해진다. 투옥이나 고문, 살해 협박 또한 표현의 촉매제 역할을 하는 토론을 제약할 수 있다. 하지만 역사는 많은 사람이 그런 위협에 겁먹지 않고 고통스러운 최후가 예견되는 처지에서도 용감히 목소리를 냈다는 것을 보여주었다.

'자유'란 무엇을 뜻하는가?

철학자 아이제이아 벌린(Isaiah Berlin)은 자유의 개념을 소극적 자유와 적극적 자유로 구분한 것으로 유명하다. 소극적 자유(negative freedom)는 제한이 없다는 것을 뜻한다. 가령 아무도 당신이 하는 일을 제한하지 않는다면, 이런 의미에서 당신은 그 일을 자유롭게 할 수 있다. 또 누구도 당신이 자리에서 일어나는 것을 막지 않는다면 당신은 자유롭게 당장 일어설 수 있다. 이와 달리 적극적 자유(positive liberty)는 하고자 하는 일을 성취할 수 있다는 것을 뜻한다. 그런데 당신이 아무도 당신의 입을 강제로 틀어막지 않는데도 본인이 원하는 대로 표현하는 것을 스스로 가로막는 심리적 장벽을 갖고 있다고 치자. 이런 경우, 벌린에 따르면 당신은 소극적 의미에서는 자유로울지 모르나 적극적 의미에서는 그렇지 못하다. 이 책에서는 소극적 의미의 자유에 초점을 맞춘다. 언론 자유의 역사는 곧 검열이나 감금, 구속적 법률, 실제적 또는 암시적 폭력의 위협, 분서(焚書), 검색 엔진 차단, 극단적인 경우는 처형을 통해 사람들의 자기표현을 저지하려는 시도의 역사다. 하지만 일부 마르크스주의 철학자, 가령 허버트 마르쿠제(Herbert Marcuse)가 「억압적 관용-Repressive Tolerance」이라는 글에서 주장했듯 검열이 사라진다고 해서 자유가 어떻게든 가치 있는 방식으로 행사되리라는 보장은 없다는 데 주목

할 만하다. 매체를 통제하는 세력이 일반 대중을 세뇌하고 조종하는 사회에서 언론의 자유는 권력자의 이익에 이바지할 뿐이며 전체주의사회에서의 억압적 검열이나 진배없는 효과가 있을 수 있다. 마르쿠제가 일반 대중의 순응성을 정확히 간파했든 아니든 간에 그의 해결책인 '퇴행적 운동(regressive movements)', 특히 정치적 우파 운동에 대한 검열은 관용이라는 이름으로 행해지는 역설적 형태의 불관용이다.

자유는 방종이 아니다

언론의 자유를 옹호하는 사람들은 거의 예외 없이 그들이 부르짖는 자유에도 **어느 정도** 제한이 필요하다는 점을 인정한다. 달리 말해 자유를 방종과 혼동해서는 안 된다. 절대적인 언론의 자유는 중상모략할 자유, 오해의 소지가 농후한 허위광고를 할 자유, 아동 음란물을 유포할 자유, 국가 기밀을 누설할 자유 등도 허용할 것이다. 민주국가에 유익한 토론의 활성화에 각별히 관심을 기울이는 사상가인 알렉산더 메이클존(Alexander Meiklejohn)이 지적했듯,

> 자기 통치적인 사람들이 언론의 자유를 요구할 때는 개인이 모두 언제 어디서나 자기 마음대로 발언을 할 수 있는 양도 불가

의 권리를 갖는다고 말하는 것이 아니다. 그들은 누구든지 자신이 원하는 대로, 자신이 원할 때, 자신이 원하는 것을, 자신이 원하는 사람에 관해, 자신이 원하는 상대에게 말할 수 있다고 선언하지 않는다.

이것이 중요하다. 소망할 가치가 있는 표현의 자유는 적절한 때에 적절한 장소에서 견해를 표현할 수 있는 자유지, 제멋대로 아무때나 발언을 할 수 있는 자유가 아니다. 어떤 견해든 간에 뭐든 다 표현할 수 있는 자유여서도 안 된다. 즉 한계가 있다.

존 스튜어트 밀(John Stuart Mill)은 개인의 자유 제한에 관한 논쟁에 공헌한 가장 유명한 인물이자 본서 제2장에서 다룰 주인공으로, 그의 동시대인 대부분이 만족한 수준보다 개인의 표현 자유를 한층 더 지지했음에도 말이나 글이 폭력을 선동하기 시작하는 지점에 그 한계를 설정했다. 또 그는 자신의 자유론이 "성숙한 능력을 갖춘 사람들"한테만 적용된다는 점도 분명히 했다. 밀이 보기에 온정적 간섭주의(paternalism, **누군가의 이익을 위한다는 명목**으로 바로 그를 강압하는 것)는 아이들에게, 더 논쟁적으로는 "인종 자체가 미숙하게 여겨지는 사람들로 구성된 후진국 사회"에 알맞았다. 하지만 문명사회의 성숙한 시민들에게는 걸맞지 않은 것이었다. 그들은 어떻게 살지를 스스로 자유롭게 결정할 수 있어야 한다. 그리고 실수도 자유롭게 할 수 있어야 한다.

만원 극장에서 '불이야!' 하고 외칠 수 있는 자유는 언론의 자유로 볼 수 없다. 올리버 웬들 홈스 주니어(Oliver Wendell Holmes Jr.) 판사의 이 기억할 만한 소견은 자유를 예찬하는 미사여구가 넘쳐날 때 간과하기 쉬운 요체를 포착한다. 즉 어딘가에는 언론 자유의 한계선을 그어야 한다. '자유'라는 말의 감정적 함의가 이 점을 은폐하는 차안대가 되어서는 안 된다. 와글거리는 극장에서 '불이야'라고 소리치는 것을 허용하면 사람들이 앞다투어 피신하다 부상이나 사망에까지 이르는 결과를 초래할 수 있으며, 또 누군가가 장난으로 그런 말을 외치는 경우가 거듭되면 실제로 화재가 발생했을 때는 아무리 '불이야' 하고 고함쳐도 관객들이 대피할 생각을 하지 않을 것이다. 홈스 판사가 이러한 비유를 든 것은 수정헌법 제1조와 관련된 한 대법원 재판, 이른바 솅크(Charles Schenck) 대 미합중국 사건에서였다(찰스 솅크는 제1차세계대전 당시 징집령에 반대한 미국 사회당의 서기장이었다—옮긴이). 판결은 1919년에 내려졌지만, 전시중 징집병에게 1만5천 장의 반전 선동 전단을 인쇄해 유포한 솅크의 위법행위는 1917년에 일어났다. 전단에는 징집이 "월가(Wall Street)의 선택된 소수의 이익을 위해 인류에 저지르는 무시무시한 잘못"이라고 쓰여 있었다. 홈스는 어떤 표현에 대해서든 검열의 정당성을 결정하는 것은 일정 부분 맥락이라고 보았다. 전단에 표현된 사상은 평시에는 수정헌법 제1조의 보호를 받았겠지만, 전시에는 다르게 다루어져야 했고 결국 보호할 가치가 없는 것으로 판단되었다. 반전 선동은 전투 수행을 심각히 저해하는 요인이 될 수 있었고, 따라서 홈스는 이 특수한 환경이 자유에 대한 특별한 제한을 정당화한다고 선언했다.

어떤 경우든 문제는, 사용되는 말이 실질적 해악을 끼칠 수 있어 의회의 권한으로 그것을 금지해야 할 정도로 명백히 현존하는(clear and present) 위험을 초래할 만한 환경에서 사용되는가, 그리고 그럴 만한 성질인가 하는 것이다. 즉 위험의 수위와 임박의 정도가 문제다. 나라가 전쟁중일 때는, 평시에는 쉽게 할 수 있는 말이라도 전투 수행을 저해한다면 종전할 때까지 허용되지 못할 것이며, 어떤 법원도 그것을 헌법상의 권리로 보호해야 할 발언으로 간주할 수 없다.

밀과 마찬가지로 홈스 역시 대부분의 상황에서 언론의 자유를 수호하는 데 헌신했으며, '사상의 자유로운 교환'의 가치를 진리 탐구의 일환으로서 공공연히 옹호했는데, 다만 밀과 달리 진리를 실용적(pragmatic) 관점에서 설명한다. 그에 따르면 "진리를 시험하는 가장 좋은 방법은 사상이 시장의 경쟁에서 스스로 살아남을 힘이 있느냐를 보는 것"이다. 홈스는 그가 미국 헌법에 내포된 '실험성(experiment)'이라고 부른 것에 관해 열정적으로 이야기하면서("우리 인생이 그렇듯 헌법도 실험입니다."—옮긴이) 우리는 자신이 경멸하는 의견이 국가안보에 심각한 위협이 **되지 않는 한** 그것을 침묵시키려는 모든 시도를 "항시 경계"해야 한다고 주장했는데, 위의 인용문에 약술된 "명백히 현존하는 위험"이라는 기준은 여기서 연유한 것이다. 홈스는 판사로서 수정헌법 제1조를 어떻게 해석할지에 특히 관심이 많았다. 다시 말해 그의 관심은 법 적용에 있었다. 이와 달리 밀은 법적 권리에 관해서는 다루지 않았지만 법으로, 혹은 그가 다수 의견의 횡포라고 칭하는 것, 즉 사회적 반감을 내세워 소수 의견을 가진 사람들을 소외시키고, 나아가 침묵시키는 방식으로 언론의 자유를 제한하는 것이 과연 옳은가에 대한 도덕적 문제를 논했다.

이렇듯 밀과 홈스는 둘 다 언론의 자유에는 제약이 따라야 하며, 때로는 다른 고려 사항이 언론 자유의 절대적인 (법적 또는 도덕적) 권리 추정의 원칙에 우선할 수도 있다고 보았다. 전시에 제기되는 특수한 고려 사항 외에도, 언론의 자유를 광범하게 보호하는 대부분의 법체계가 한결같이 표현의 자유

1. 올리버 웬들 홈스 주니어. 그는 언론 자유의 옹호자임에도, 붐비는 극장에서 '불이야!'를 외칠 수 있는 자유는 언론 자유로 볼 수 없다는 의견을 밝힌 것으로 유명하다.

를 제한하는 경우들이 있는데, 예컨대 명예훼손이나 중상모략을 할 때라든가 국가 기밀을 누설할 수 있을 때, 재판의 공정성을 해칠 때, 정당한 사유 없이 누군가의 사생활을 심각하게 침해할 때, 저작권법을 위반할 때(가령 다른 사람의 말을 무단으로 사용하는 경우), 허위광고를 할 때가 그렇다. 그리고 많은 나라에서는 유포하거나 이용할 수 있는 종류의 포르노그래피에 엄격한 제한을 두고 있기도 하다. 이상은 언론 자유의 원칙을 지지하며 시민들 스스로가 자유롭다고 생각하는 나라들에서 언론과 여타 표현에 적용하는 공통된 제한 사항만을 언급한 것이다.

어디에 선을 그어야 할까?

여기까지 읽고서도 표현의 자유는 어떤 경우에도 제한해서는 안 된다고 말하고 싶은 유혹이 든다면 토머스 스캔런이 제시한 가상 상황을 한번 떠올려보자. 가정에서도 손쉽게 구할 수 있는 화학제품으로 고성능의 신경가스를 만들어내는 방법을 연구하는 몰인정한 발명가에 대해 어떻게 생각하는가? 물론 이런 상황에서는 그가 그 비법을 전수하거나 널리 알리는 것을 막는 게 옳을 것이다. 인류에게 도움이 될지도 불분명하고 많은 희생을 치러야 할지도 모를 저 위험한 발명과 관련해 그가 언론의 자유를 누릴 권리를 지지해주고자 나설 사람은 거의 없을 것이다. 설령 자신의 발명품이 유해한 방식으로 사용되기를 그가 의도하지 않았다고 해도 이 위험한 정보가 세상에 유포되지 않도록 막는 게 응당 옳을 것이다. 만일 언론의 자유는 무슨 일이 있어도 보호받아야 한다고 믿는다면 당신은 바로 이런 상황에서도 그것을 보호해야 한다고 말해야 한다.

신경가스 발명가의 예가 작위적인 것 같다면 『암살자: 살인 청부업자를 위한 기술 지침서 *Hit Man: A Technical Manual for Independent Contract Killers*』라는 책과 관련된 실제 사건에 대해 생각해보자. 허구의 작품이라고 하는 이 책은 용의주도하게 살인하고 시신을 처리하는 방법을 상세히 소개한다. 1983년에 미국에서 처음 출판되었는데, 1993년에 로런스 혼(Lawrence Horn)이라는 자가 보험금을 노리고 암살자를 고용해 아픈 아들과 전처, 그 아들을 돌보던 간호사를 살해한 사건과 더불어 세상에 널리 알려졌다. 암살자는 어떻게 총기 추적을 따돌리고 어떻게 수제 소음기를 사용하는지, 어떻게 근거리 저격을 하는지 등을 그 책에서 일러주는 대로 따라 했다. 그는 사형되었으며 혼은 종신형을 받았다. 이 책을 낸 출판사를 상대로 소송이 제기되었고, 출판사는 수정헌법 제1조를 근거로 방어에 나섰다. 결국 이 사건은 출판사가 피해자 유족에게 보상금을 지급하기로 합의하면서 종결된다. 어떤 이들은 출판사를 기소하려던 시도를 표현의 자유에 대한 공격으로 간주했던 반면, 다른 이들은 살인을 부추기고 그 방법까지 알려주는 이 책의 배포를 막아 다시는 저런 일이 발생하지 못하게 하는 것이 도덕적으로 적절한 대응이라고 생각했다. 이 책의 검열을 표현의 자유에 대한 용납할 수 없는 억압이라고 여긴 사람 가운데 다수는 그 책을 무책임하고 위험천만하다고 생각하면서도, 책에 담긴 많은 정보가 이미 갱영화라든가 실화에 기초한 범죄소설에서 아주 흔하게 이용되고 있는 만큼 검열로 인해 표현의 자유가 위축될 수도 있음을 상당히 우려했다. 만일 저 책이 폭력을 직접적으로 선동하는 것으로 밝혀진다면 검열의 근거가 명확하지만, 그렇지 않다면 검열이 개인의 자유를 침해하는 것이라고 보았기 때문이다.

이렇듯 '표현의 자유를 옹호한다'라는 선언은 그 한계를 고려하지 않는다면 공염불에 가까우며, 대부분의 사람에게 이것은 '어떤 경우에도 무조건 언론의 자유를 지지한다'라는 의미가 아니다. 하지만 그 한계를 명확히 규정하기란 쉬운 일이 아니다. 그것은 경쟁하는 다른 가치가 언제 이 자유에 우선하는지를 결정한다는 의미다. 솅크 대 미합중국 사건의 경우, 전시중에는 언론의 자유보다 국가의 안보가 (사후적으로) 더 중대하게 여겨졌다. 그리고 혼의 청부 살인 사건의 경우는 책을 출판하는 것이 해로운 결과를 초래할 위험이 다분하고, 어쩌면 이미 많은 살인을 조장했을지도 모른다는 진지한 우려가 언론의 자유에 우선했다.

미끄러운 비탈 논증

그러나 정부가 이런 기본적 자유를 제한하게 두는 것은 어쩔 수 없이 전체주의로 전락하게 될 미끄러운 비탈 아래로 발을 내딛는 것과 같다는 이유에서 언론의 자유에 대한 모든 제한은 이의제기를 받아야 할 수도 있다. 권리장전(개인의 기본권을 명시한 수정헌법 10개 조항—옮긴이)이 없는 영국은 이런 측면에서 미국에 비해 취약할 수 있다. 정부와 정부의 합리적 검열 능력에 대한 불신이 언론 자유의 원칙을 옹호하는 주요 동기가 되는 것은 사실이다. 하지만 수정헌법 제1조와 같은 현존 원칙은 자체적 난점을 안고 있다. 즉 여느 원칙과 마찬가지로 수정헌법 제1조도 그 판례(jurisprudence)의 역사가 증명하듯 광범한 해석에 열려 있으며, 이 헌법 조항이 보호하는 언론 자유의 원칙을 적용 및 제한하는 문제를 둘러싼 첨예한 논쟁을 수반한다.

미끄러운 비탈 논증에 의하면 언론의 자유를 지킴으로써

얻는 이점 하나는 전체주의 정부로, 여하튼 그에 가까운 체제로 전락하는 사태를 방지할 수 있다는 것이다. 이런 접근법은 우리가 언론의 자유를 지켜야 하는 이유는 그것이 좋은 결과를 낳기 때문이라고 본다. 하지만 이 논증의 조악한 버전들은 쉽게 반박된다. 비탈은 아주 미끄러울 수도 있고 별로 안 미끄러울 수도 있으며, 때에 따라서는 제자리에 딱 버티고 서서 '여기서 더는 안 돼!'라고 말하는 것도 가능하다. 다시 말해 정부가 때로는 언론의 자유보다 국가의 기밀을 더 중시한다는 사실이 이 민주주의 정부가 종국에는 전체주의 체제로 변질되리라는 것을 뜻하지는 않는다. 여기서 중요한 것은 그런 상황에서 얼마나 미끄러져내릴 수 있는가 하는 경험적 문제다. 단지 우리가 일련의 작은 움직임으로 인해 열린 민주주의국가에서 전체주의국가로 넘어가게 될 수도 있다고 해서, 만일 우리가 열린 민주주의에서 한 발짝이라도 멀어지면 필연적으로 전체주의에 이르고 만다는 결론이 성립하지는 않는다. 같은 비유를 사용해 달리 말하자면 비탈이 미끄럽고, 가파르고, 완만한 정도는 다양할 수 있다. 전체주의로의 전락이 **불가피하다**는 주장을 뒷받침하려면 더 많은 경험적 증거가 필요하다. 이 논증에 대한 또다른 비판은, 우리는 이미 언론의 자유가 완전히 보호받는 사회로부터 다소 멀어졌지만 그렇다고 해서 우리가 전체주의로 치닫고 있는 듯 보이지는 않는다는 것이다.

그럼에도 미끄러운 비탈 논증은 여전히 어느 정도 설득력이 있다. 2005년에 영국 정부는 국회의사당 반경 1킬로미터 이내의 대중 시위를 금지하는 새로운 법(중대조직범죄 및 경찰법)을 도입했다. 이 법이 시행되고 나서 얼마 지나지 않아 평화운동가 마이아 에번스(Maya Evans)가 기소되었는데, 그녀는 최근의 이라크 침공 이후 현지에서 전사한 영국 군인들의 명단을 경찰의 허가 없이 낭독했다는 이유로 유죄를 선고받았다. 권리장전이 있었다면 영국 정부는 이 법을 제정하기 더 어려웠거나, 애초에 불가능했을 수도 있다. 지금처럼 1킬로미터 이내 접근 금지 구역이 일단 지정되고 나면, 이를 2킬로미터 또는 3킬로미터로 확대한다거나 테러 표적이 될 수 있는 또다른 구역에서 그와 유사한 법을 시행하기 한결 더 쉬워질 것이라는 주장도 일리가 있다. 여기서 미끄러운 비탈이 전체주의로 쭉 이어지는 일은 없겠지만, 그러한 법은 영국에 사는 사람들에게서 중요한 자유를 박탈해 정치적 시위를 제한하거나 적어도 약화할 수 있다. 이런 종류의 논증에서 [영국에는 없는 성문(成文)] 헌법이 갖는 큰 가치 가운데 하나는 제한을 점차 강화하는 그런 법들을 발의하고 확대하기 훨씬 더 어렵다는 데 있다.

언론의 자유를 옹호하는 도구 논증과 도덕 논증

언론의 자유를 지지하는 데 널리 사용되는 두 가지 논증이 있다. 먼저 **도구** 논증은 언론의 자유를 지키는 일은 개인의 행복 증진이든 사회의 번영이든, 나아가 경제적 발전이든 어떤 식으로라도 실질적 이득이 된다는 주장에 의존한다. 예를 들어 알렉산더 메이클존은 언론 자유의 으뜸 가치는 민주주의가 효과적으로 기능하는 데 필수적인 토론을 촉진하는 데 있다고 주장했다. 시민은 갖가지 사상에 노출되어야 타당한 판단을 내릴 수 있으며, 언론의 자유는 다양한 사상을 굳게 믿는 다양한 사람의 견해를 시민이 접할 수 있게 해준다. 이 점이 중요한데, 아무리 악마의 변호인 역할을 자임하는 사람이라도 그가 대변하고 있는 바로 그 입장을 진심으로 열렬히 신봉하는 당사자만큼 온전히 이해할 수는 없기 때문이다. 가장 이상적인 것은 상대편이 할 법한 말을 상상해서 말하는 자를 통해서가 아니라 상대편으로부터 직접 반대 의견을 듣는 것이다.

이러한 논증은 결과에 호소하며, 따라서 언론의 자유가 개인이나 사회에 특정 방식으로 이익이 되는가 하는 질문에 대한 답은 경험적이다. 즉 그 답이 무엇인지 우리가 알든 모르든 간에 옳은 답은 존재하며, 그것은 개연성 있는 실제 결과들을 조사해보면 대체로 찾아낼 수 있다. 이 접근법의 이면은, 언론의 자유가 가져다주리라고 예상한 유익한 결과가 실제로 도출되지 않는 걸로 드러나면 언론의 자유를 지켜야 할 명분이 사라진다는 것이다.

다음으로 **도덕** 논증은 대개 인간이란 무엇인가에 관한 신념에서 시작해 언론 억압은 (화자나 청자, 또는 화자이자 청자로서의) 인간의 자율성과 존엄성을 침해하는 것이라는 생각으로 나아간다. 누군가의 발언이 좋은 결과로 이어지든 아니든 간에 그가 자신의 견해를 말하지(혹은 다른 사람의 말을 듣지) 못하게 막는 것은 그 자체로 잘못된 일인데 그를 스스로 생각하고 판단하는 한 인간으로서 존중하지 않는 것이기 때문이다. 이런 논증은 언론의 자유를 지킴으로써 얻을 수 있으리라고 예측되는 결과보다는, 언론의 자유가 갖는 고유한 가치와 그것이 인간 자율성의 개념과 맺는 관계에 관한 생각에 근거한다.

오늘날의 언론 자유

언론의 자유를 둘러싼 논쟁과 현시대의 삶은 뚜렷한 연관성이 있다. 책이 발명된 이래로 권력자들은 파괴의 상징적 행위로서 곧잘 책을 불태웠다. 지롤라모 사보나롤라(Girolamo Savonarola)의 악명 높은 1497년 피렌체의 '허영의 화형식'은 오랜 전통을 이어가고 있었다. 그 취지는 부도덕한 책을 비롯해, 소지자를 유혹해 죄악을 범하게 할 만한 물건들을 불사르자는 것이었다. 형태는 달라졌지만 지금도 그런 일은 계속되고 있다.

우리는 금서 조치와 검열이 늘어나고, 특정한 표현 행위가 수백만의 시위자를 동반한 범세계적 반응을 불러일으키는 시대에 살고 있다. 포르노그래피와 혐오 발언, 홀로코스트를 부인하는 주장을 제재하라는 요구가 끊이지 않는다. 어떤 나라들에서는 국가의 전방위 검열이 일반적이며 조금만 일탈적 견해를 표현해도 실제로 위험이 뒤따른다. 그런데 최근 몇 년을 돌아보면, 다른 사람의 견해에 대해 가장 노골적으로 편협을 드러내고 가장 큰 목소리로 검열을 요구하는 것은 자신의 종교가 이러저러하게 모욕을 당했다고 느끼는 사람들이었다.

『악마의 시』와 한 덴마크 신문의 만평

영국에서는 1988년에 살만 루슈디(Salman Rushdie)의 소설 『악마의 시 *The Satanic Verses*』가 출간된 데 대한 반응이 결정적 순간이었다. 책은 영국에서 출간된 직후 인도와 남아프리카에서 금서로 지정되었다. 많은 이슬람교도가 이 소설에 나오는 몇몇 구절을 그들의 종교에 대한 심각한 모욕으로 받아들였다. 1989년 1월 브래드퍼드시(Bradford市)의 한 집회에서는 이슬람교도들이 하나의 상징적 시위로서 그 책들을 불태우기도 했다. 그 가운데 많은 이가 루슈디의 소설이 그들의 종교와 선지자를 비방하며 자기들을 능멸한다고 여겨 분개했다. 이것은 결국 그 책을 공격하는 측과 방어하는 측 모두의 대규모 항의 집회로 번졌다. 같은 해 아야톨라 호메이니(Ayatollah Khomeini)는 루슈디에 대한 파트와(fatwa, 이슬람법에 따른 결정이나 이슬람교 지도자의 명령—옮긴이)를 반포했는데 이는 본질적으로 그를 처단하라는 선동과 다를 바 없었다. 교단이 공식 승인한 폭력의 위협에도 출판사와 서점, 번역가들은 용기 있게 행동했다. 그 책의 일본인 번역가는 살해당했다. 루슈디는 경찰의 신변 보호를 받아야 했고 겁박을 피해 숨어다니기 시작했다. 그럼에도 이 책은 지금도 계속 출판되고 있으며 영국을 비롯한 다른 나라에서도 자유롭게 구해볼 수 있다.

유럽에서는 공개적으로 책을 불태우는 일이 오랜 과거에도 있었지만, 많은 사람에게 저 사건은 픽션 형식의 글로 표현된 사상을 향한 편협함을 여실히 드러내며 충격을 주었고 언론의 자유를 논하던 기존 방식을 하룻밤 새 뒤바꾸어놓았다. 대개는 추상적인 상아탑 쟁론이었던 것이 이제는 다문화를 지향하는 민주국가에서는 언론의 자유를 어디까지 용인

2. 2006년 2월, 런던 주재 덴마크 대사관 밖에 집결한 성난 이슬람교 시위자들이 표현의 자유 자체를 공난함으로써 한 덴마크 신문이 무함마드를 풍자한 만평을 게재한 데 반발하고 있다.

해야 하는가를 둘러싼 양극화 논쟁이 되었다.

이 논쟁은 2005년에 덴마크 일간지 〈윌란스포스텐Jyllands-Posten〉이 자기검열에 관한 하나의 의견 제시로서 무함마드(Muhammad)를 풍자한 만평 12컷을 게재하면서 다시 불붙었다. 개중에 가장 논란이 된 것은 무함마드가 폭탄을 마치 터번처럼 머리에 쓰고 있는 그림이었다. 신문사는 사설을 통해 종교 단체가 그들만의 종교적 정서에 대한 특별 배려를 요구하도록 두는 것은 작금의 민주주의와 양립할 수 없다고 목소리를 높였다. 이 만평이 인종주의적임은 말할 것도 없으며 악의적이고 신성모독적인 고의적 도발이라고 생각한 사람도 많았는데 특히 이슬람교도들이 그랬다. 영국 신문사들은 만평을 싣지 않기로 했지만 유럽의 몇몇 나라에서는 다시 게재했다. 세계 도처에서 불붙은 시위는 폭거로, 덴마크 대사관 방화로, 최소 139명이 넘는 사망자를 낸 대참사로 이어졌다. 심지어 일부 이슬람교 지도자는 만평가들에게 공공연히 살해 협박까지 했다.

2006년 2월 3일, 런던의 덴마크 대사관 밖에서 그 만평에 대한 항의 집회가 열렸다. 시위자들은 '빌어먹을 자유주의' '이슬람을 조롱하는 자들을 도륙하자' '이슬람을 능욕하는 자들을 참수하자', 나아가 '표현의 자유 따위 개나 줘버려'와 같은 과격한 경고문이 적힌 팻말을 들고 덴마크와 미국을 규탄하는 구호를 외쳤으며, 결국 살인을 부추기고 인종혐오를 조장한다는 혐의로 체포되고 기소되었다. 유죄 선고를 받은 움란 자베드(Umran Javed)에게 적용된 범죄 사실을 요약하며, 영국 검찰 측의 수 헤밍(Sue Hemming)은 시위대가 표현의 자유를 누릴 권리를 인정하면서도 이렇게 덧붙였다.

> 자베드 씨의 발언 내용을 살펴보건대, 그가 다른 시위자를 비롯해 그 시위를 각종 매체로 지켜보는 사람들로 하여금 덴마크인과 미국인을 살해하도록 직접적으로 선동했음이 명백합니다.

언론의 자유는 이 논쟁에서 여러 방식으로 쟁점화했다. 만평을 게재한 원래 의도는 언론의 자유를 옹호하고, 특정 그룹을 모욕으로부터 특별 보호하는 것은 현대 민주국가에서 있을 수 없는 일임을 강조하는 것이었다. 일각에서는 만평에 대한 반발이 자유주의와 언론 자유의 가치를 공격하는 움직임으로 나타나기도 했다. 이후 시위대가 기소되자, 일부 논객은 그들을 살인과 인종혐오를 선동한 혐의로 기소한 것은 언론의 자유에 대한 침해이자 그들이 표현한 견해의 본질을 오해한 것이라고 주장했다. 그들의 시위는 구체적인 선동 행위가 아니라 아주 일반적인 분노의 표현이라는 것이다. 이 사태의 저변에는 이슬람교 비판자들이 보복의 공포로 인해 광범하게 자기검열을 하고 있다는 인식이 깔려 있었다.

그러나 만평 게재가 의도적 도발이었다는 점 또한 부정하기 힘들다. 많은 사람이 그것을 결과가 뻔히 예상되는 부도덕한 조롱이라고 생각했다. 여기서 중요한 문제는 이런 종류의 도발을 상식선에서 제한하지 않고 법률로 보호해야 하는가, 또 어떤 점에서는 그것을 보호하는 현행법이 오히려 부도덕하지 않은가 하는 것이다. 이 문제는 제3장에서 다시 살펴보겠다.

어떤 사상을 신성모독으로 간주해 그것에 종교적 편협성을 드러내는 것이 비단 이슬람교만은 아니나, 아무튼 『악마의 시』와 예의 덴마크 만평을 향한 그들의 광포한 반발로 인해 언론의 자유를 둘러싼 문제들이 첨예한 관심을 받게 되었다. 우리 시대의 화급한 언론 자유의 쟁점 하나는, 종교인이 불쾌하게 여길 수도 있는 표현을 제재하라는 요구에 민주주의사회가 귀를 기울여야 하느냐는 것이다. 이 질문은 본서의 여러 곳에서 다양한 형태로 거듭 제기될 것이다. 하지만 질문을 검토하기 전에 우선은 언론 자유의 가치에 관한 가장 유력한 주장, 즉 존 스튜어트 밀이 1859년에 쓴 (그 길이에 비해 엄청난 영향력을 미친) 얇은 책 『자유론』에서 펼친 논증의 맥락에서 저 문제들을 바라보자.

제 2 장

사상의 자유시장?

언론의 자유에 관한 철학적 논쟁에서 빠지지 않고 언급되는 책 한 권이 있다. 바로 존 스튜어트 밀의 『자유론*On Liberty*』이다. 문명사회에서 개인의 자유를 제한하는 문제를 다루는 이 고전적 논고에서 밀은 개인의 행복, 나아가 사회의 번성을 위해서는 광범한 언론의 자유를 전제해야 한다는 견해를 지지한다. 표현의 자유가 없으면 우리는 인류의 발전에 이바지할 사상을 도둑맞을 수도 있다. 하지만 언론의 자유를 지키면 오류 또는 반쪽짜리 진리와의 충돌을 거쳐 진리가 드러날 가능성이 극대화한다. 또 죽은 도그마와 같은 견해를 갖게 되었을지도 모를 사람들의 신념에 새로운 활기가 들어찬다.

3. 빅토리아시대 철학자 존 스튜어트 밀. 그의 『자유론』(1859)은 고전적 자유주의의 견지에서 표현의 자유를 옹호한다.

존 스튜어트 밀의 『자유론』

밀이 '다수의 폭정'이라고 지칭한 것, 즉 다른 사람의 의견을 억누르고 획일화하는 세태를 배경으로 쓴 『자유론』은 다양한 개인의 표현에 대한 관용을 적극적으로 옹호한다.

● 밀의 해악 원칙

『자유론』에서 밀이 일관하는 접근법의 핵심은 '해악의 원칙'으로, 이것은 다른 사람에게 해를 끼치지만 않는다면 성인 개개인은 자신이 원하는 대로 무슨 일이든 자유롭게 할 수 있어야 한다는 생각을 담고 있다. 밀의 원칙은 복잡하지 않아 보인다. 누군가가 본인 뜻대로 자신의 삶을 살 수 있는 자유에 간섭하는 것이 정당한 경우는 그가 다른 사람에게 해악을 끼칠 위험이 있을 때뿐이다.

해악의 원칙에 대한 밀의 옹호는 궁극적으로 결과주의적이었다. 즉 사회가 개인의 자유를 보호하고 다양성을 용인하면 행복이 극대화하리라는 믿음에 기초한 것이었다. 달리 말해 그는 바로 이것이 최상의 결과를 낳으리라고 생각했는데, 특히 천재가 제 역량을 최대한 발휘할 수 있는 조건을 마련해 준다는 이유에서였다. 그 원칙을 지키면 인간의 번성과 진보를 위한 최적의 환경을 갖출 수 있다. 하지만 다른 사람들의 간섭으로 억압받는 환경에서는 많은 사람이 자신의 잠재력

> **밀의 해악 원칙**
>
> 이 책의 목적은 사회가 강제와 통제의 방식으로, 그 수단이 법적 처벌 형태의 물리력이든 여론의 도덕적 강권이든 간에 개인을 상대할 때 절대적으로 적용할 수 있는 아주 단순한 원칙 하나를 주장하는 것이다. 그 원칙이란, 인류가 다른 사람이 누리는 행동의 자유에 개별적으로나 집단적으로 간섭해도 정당한 경우는 그 목적이 자기 보호일 때뿐이라는 것이다. 즉 권력을 문명공동체 구성원에게 그의 의사와 상관없이 행사해도 정당한 경우는 다른 사람이 해를 입는 일을 방지하는 데 그 목적이 있을 때뿐이다. 그 사람의 물질적 또는 도덕적 이로움은 충분한 이유가 되지 못한다. 그리하는 편이 더 낫다거나 그리하면 더 행복해진다, 남들이 보기에는 그리하는 것이 현명하다, 심지어 옳다는 이유를 들어 그의 행동을 강요하거나 금지하는 것은 정당할 수 없다.
>
> _『자유론』 제1장에서

을 발현하지 못할 것이다. 그들의 자기계발은 좌절된다. 이것은 우리 모두에게 불행이 아닐 수 없다. 밀은 우리 인간을 자기주도적 존재로 보았다.

본성상 인간은 어떤 모형을 본떠 제작되어 그에게 맡겨진 일을 정확히 수행하도록 설계된 기계가 아니라, 그를 살아 있는 존재이게 해주는 내적 힘의 성향에 따라 스스로 사방으로 뻗어나

가며 자라야 하는 나무다.

이렇듯 그가 자유를 옹호하는 궁극적 이유는 그것이 우리 개개인의 행복에, 따라서 우리 모두의 행복에 가장 크게 기여한다는 데 있었다. 또 그는 설령 다른 사람이 나를 위한다는 마음에서 그런다고 해도 그가 내 인생에 결정권을 행사하게 두어서는 안 된다고 생각했다. 우리는 자신이 어떻게 살지를 타인이 지시하는 대로 따르기보다는 스스로 자유롭게 결정하고, 실수도 할 수 있어야 한다. 그런데 언론의 자유는 자유주의 원칙이 적용되는 여느 영역과는 다르다. 밀에게 그것은 진리, 그리고 인류의 발전과 관계있기에 특별히 중요한 주제다.

밀의 논증

『자유론』제2장 '사상과 토론의 자유'에서 밀은 억압적인 정부개입으로부터, 또 사회 압력으로부터 언론의 자유를 수호하기 위한 몇 가지 논증을 제시한다. 이들 논증은 모두 (a) 진리는 소중한 것이며, (b) 누군가가 아무리 진리를 안다고 확신하더라도 그의 판단은 오류일 수 있다, 즉 그가 틀렸을 수도 있다고 상정한다. 밀은 사상의 자유시장이 진리 출현과 오류 제거라는 최상의 결과를 얻을 가능성을 높일 것이라고 보았다. 진리는 우리에게 유익하다. 그리고 다양한 의견이 오가는 생생한 토론 과정은 우리가 무심코 받아들였을지도 모를 의견에 새로운 활기를 불어넣어줄 것이다.

표현의 자유를 제약하면 활발한 토론이 진행되기 어렵고, 당연히 좋은 결론에도 이르기 힘들다. 언론의 자유에 대한 제한은 다른 사람에게 해를 끼치려는 선동이 시작되는 지점에서 이루어져야 한다. 광범한 표현의 자유를 용인하는 데서 사회와 개인이 얻는 이익은 굉장히 크지만 그것을 억압하는 경우에는 엄청난 대가가 따른다.

특히 밀은 소수 의견이 아주 적은 사람들만 가진 생각이라는 이유로 침묵을 강요해서는 안 된다는 점을 강조했다. 그에 따르면 그렇게 생각하는 사람이 단 한 명뿐인 인기 없는 견해라도 인류 전체에 기여할 수 있는 잠재적 가치를 지니고 있다.

> 한 사람을 뺀 모두의 의견이 같다고 해서 그 한 명을 침묵시키는 일은, 힘을 가진 한 명이 나머지 사람을 모두 침묵시키는 일이 부당한 것과 마찬가지로 정당할 수 없다.

밀은 이유를 이렇게 설명한다. 만일 다수가 무시한 소수의 견해가 옳다면 인류는 오류를 진리로 교환할 기회를 놓치는 것이다. 그리고 설령 그 견해가 틀렸다고 해도 우리는 오류와의 충돌을 통해 진리를 보강할 기회를 빼앗기는 것이다. 모든 의견은 진리일 가능성이 있기에, 혹은 거짓이더라도 진리를 보완하고 그것의 출현에 이바지하기에 가치 있다.

● 무오류 논증

밀에 따르면 다른 사람의 의견을 거짓이라고 믿고 그를 침묵시키는 사람은 모두 무오류를 상정한다. 그들은 주어진 문제에 대해 자신이 옳다고 절대적으로 확신해야 한다. 하지만 밀이 지적하듯 확신의 심리 상태는 우리가 확신하는 것에 대한 진리를 결코 보장해주지 못한다. 우리 개개인은 논쟁의 여지가 전혀 없다고 생각하는 문제에 대해서도 실수를 저지르며, 실로 우리 전 세대는 어떤 사실들(가령 지구가 태양 주위를 도는지 아닌지, 혹은 질병과 기근의 원인이 무엇인지)에 대해 집단적으로 중대한 오류를 범해왔다. 결국 갈릴레오(Galileo Galilei)가 옳았지만 갈릴레오의 입을 틀어막은 사람들은 그가 틀렸다고 절대적으로 확신했다.

한편 많은 종교인이 자신은 특정 신이 존재한다는 것을 안다고 생각한다. 그들은 자신이 지식이라고 주장하는 이것에 기반해 평생을 살아간다. 하지만 상이한 종교의 상이한 신이 모두 존재할 수는 없다. 그중에는 양립 불가능한 신이 많다. 이를테면 일신론과 다신론은 동시에 참일 수 없다. 이것은 논리의 기본이다. 기독교의 신과 이슬람교의 신이 동시에 존재할 수도 없다. 이 종교들이 그들 신의 본성을 다단히 오해하고 있는 것이 아니라면 말이다. 그럼에도 기독교도와 이슬람교도는 모두 자신들이 특정한 유일신이 존재한다는 것을 진실로 **안다**고 믿고 있을 수도 있다. 밀의 견지에서 보자면 인간은 어떤 종류의 믿음에 대해서건 오류를 곧잘 저지르므로 그들 역시 절대적 무오류를 상정해서는 안 된다.

그러므로 밀은 어떤 의견을 침묵시키는 사람들이 으레 그러듯 무오류를 상정하는 것은 잘못이라고 추론한다. 그런데도 당신은 우리가 **특정** 문제들에 대해서는 이런 반론을 염려하지 않고 충분히 확신을 가질 수 있다고 생각할지도 모른다. 이에 밀은 반대 목소리를 막거나 외면한 채 진리를 소유하고 있다고 생각하는 것은 공개적 경쟁을 거쳐 무사히 살아남거나 한층 보강된 의견을 갖는 것과는 아주 다르다고 말한다. 어떤 의견을 비판적 검토에 부치는 것은 우리의 목적상 그것이 충분히 믿을 만한지를 검증하는 데 꼭 필요한 절차다.

밀은 정통적 의견에 반대할 자유를 진보와 지적 발전의 조건으로 보았다. 이단적 견해를 표현하는 데 따른 위협과 명시적, 암시적 위험이 도사리는 곳에서는 용기 있는 자만이 반대 목소리를 낼 것이다. 그에 비해 타율적인 사람은 그들에게 허락된 종류의 생각과 표현만 할 것이고, 그만큼 그들의 정신적 성장은 더뎌질 것이다. 당국이 부도덕한 의견을 표현하는 사람들을 침묵시키는 것은 정당하다는 주장 또한 인간의 발전을 저해할 위험이 있는 무오류를 상정한다. 밀은 이른바 불경죄로 처형된 고대 아테네의 소크라테스와, 당국이 부도덕하게 여기는 것을 가르쳤다는 이유로 처형된 고대 유대의 그리스도를 사례로 든다. 두 경우에서 모두 그러한 판결을 내린 자들의 무오류 가정은 시간의 시험을 견뎌내지 못했다. 역사는 소크라테스와 예수에 대해 그들의 말과 생각은 경청하고 논할 가치가 있다고 판결했다.

밀은 오류를 자인할 줄 아는 태도를 진지한 사상가의 한 가지 요건으로 보았다. 아무리 확실해 보이는 문제라도 내가 틀릴 수 있음을 인정할 때 인간의 지식은 발전한다. 지혜로운 자는 나와 의견이 다른 사람도 열린 자세로 대한다. 내 판단이 다른 사람의 판단보다 낫다고 생각해도 정당한 경우는 내 사상을 비판에 부치고 모든 반론을 (필요하다면 그런 반론을 직접 찾아내서라도) 고려했을 때뿐이다.

● 죽은 도그마 논증

우리는 자신이 진리라고 주장하는 것에 대해 흔쾌히 도전을 받아들여야 한다고 밀은 강력히 주장한다. 설령 내 의견을 옳다고 생각하며 그 진실성을 매우 확신하더라도 "충분히,

자주, 기탄없이" 토론하지 않는다면 나는 결국 죽은 도그마, 즉 정형화되고 무비판적인 반응으로서의 의견을 갖게 될 것이다. 우리의 신념은 일종의 미신처럼 고수되어서는 안 되며, 도전받으면 방어하고 상황에 따라서는 행동으로 옮길 수도 있는 그런 살아 있는 진리여야 한다고 밀은 확언한다. 만일 당신이 본인의 입장밖에 모른다면 당신의 신념은 불완전할 공산이 크다. 당신은 자신의 입장에 대한 반론을 논박할 수 있어야 한다. 그렇지 않으면 설사 그것이 우연히 진실로 밝혀진다고 해도 그러한 신념은 정당하지 않다.

이 주장은 인간이란 무엇인가에 대한 밀의 관점을 일부 함축하며, 나의 신념이 그저 다른 사람에게 물려받은 것이 아닌 정말로 내 것이 되려면 숙의(熟議) 과정이 필요함을 역설한다. 우리는 통설을 앵무새처럼 흉내내어서는 안 된다. 찬반 의견을 숙려하지 않고 그저 성향에 이끌려 갖게 되는 신념은 무익하다. 가능하면 언제나 나와 생각이 다른 사람들과 수시로 만나 토론하며 다투기도 하고, 사안에 관한 그들의 의견을 경청하면서 그들이 왜 그런 생각을 갖게 되었는지 이해해야 한다. 나아가 밀은 실제로는 상대가 없더라도 스스로 악마의 변호인이 되어 자기 생각에 반대해보라고도 권유한다. 또 그는 어떤 의견을 믿는 근거가 꾸준히 도전받지 못한다면 그 근거와 더불어 의견의 의미 또한 소실될 위험이 있다고 생각했다. 그 결과, 살아 있는 믿음이 있었던 자리에는 의미의 껍질만 남을 것이다. 사상의 핵심은 사라진다. 이것은 인류에게 손실이 아닐 수 없다.

> **언론 자유의 가치에 관한 존 스튜어트 밀의 생각**
>
> "한 의견이 당사자에게만 가치 있는 사적 소유물이고, 그것의 향유를 방해받는 것이 단순히 사적 피해라고 해도 그 피해를 소수만 입느냐 다수가 입느냐에 따라 약간 차이가 있을 수 있다. 하지만 한 의견의 표현을 침묵시키는 것의 고유한 해악은 그것이 인류에게 강도를 저지르는 일과 같다는 데 있는데, 이 해악은 현세대뿐 아니라 후세대에게도 미치며 그 손해는 저 의견에 동조하는 사람들보다 반대하는 사람들에게 훨씬 크게 돌아간다."

그러므로, 밀에 따르면 우리는 어디서든 사상을 활발히 토론할 수 있는 상황을 유지하는 데 힘써야 한다. 그렇지 않으면 정신적 침체에 빠져 사상의 의미를 말살할 위험이 있다. 우리는 동어반복의 졸린 세계를 벗어나 현실에 안주하지 말고 도전적 논쟁을 이어가야 한다. 내 견해에 반대하는 자가 없다면 나는 생각하는 사람으로서 살아 있기 힘들 것이다. 그리고 이것은 나에게뿐 아니라 사회 전반에도 좋지 못할 것이다. 진보는 어느 한쪽이 연단을 독점할 때가 아니라 사상 간의 품위 있는 교전이 일어날 때 달성된다. 밀이 바라는 것은 불꽃 튀는 건전한 토론회지, 독백이 아니다. 우리가 가장 귀중히 여기는 신념에 새로운 활기를 불어넣어줄 진솔한 도전이 없다면 우리는 잘 훈련된 입장만 되뇌는 게으른 주창자가 될 위험이 있다. 그에 따르면 "선생이건 학생이건, 전장에서 적이 사라지는 순간 보초를 서다 말고 곯아떨어지기 마련"이다. 이 점에 대해 그는 확실히 옳았다.

● 부분적 진리 논증

밀이 사용한 또하나의 논증은 거짓에 가까운 입장이라도 진리의 요소를 담고 있을 수 있다는 것이다. 그 입장이 알려지지 않는다면 진리의 요소도 사라져버릴 것이다. 예를 들어 밀은 18세기의 문명과 과학, 진보를 낙관하는 계몽주의 시대를 살면서도 문명이 원시적 삶보다 반드시 나은 것은 아니라는 장자크 루소(Jean-Jacques Rousseau)의 견해가 심대한 영향을 미쳤다고 지적한다. 여기서 밀이 가리키는 것은 발전된 상업 사회에서 인간성이 얼마나 다양한 방식으로 쉽게 타락하는지에 관해 루소가 『인간 불평등 기원론*A Discourse on Inequality*』에서 펼친 사상으로, 훗날 카를 마르크스에게 영감을 준다. 밀은 루소가 전적으로 옳았다기보다는 진보의 결실밖에 보지 못하는 편협한 작가들이 물리쳤던 그의 입장이 진리의 요소를 담고 있었다고 생각했다. 루소의 견해가 사회에 가져다준 유익은 그것이 **부분적으로**는 참이며, 그 결론이 대체로 거짓이거나 과장이기는 해도 세상에 알려짐으로써 이후 작가들이 순진한 낙관주의를 경계하도록 해주었고 그의 사후에도 오래도록 계속 그런 역할을 했다는 데 있다.

물론 밀의 논증으로부터, 어떤 상황에서든 모든 표현 행위를 무조건 허용(하고, 나아가 장려)해야 한다는 결론이 도출되는 것은 아니다. 하지만 그는 청자나 독자가 어떤 말이나 글로 인해, 특히 그 표현 방식 때문에 기분을 상하게 되더라도 이것만으로는 검열의 충분한 근거가 될 수 없다는 점을 분명히 했다. 그도 인정했듯 소중히 여겨지는 어떤 사상을 거세게 공격하는 자는 모두 바로 그 사상을 가진 사람들에게 불쾌하게 여겨질 가능성이 큰데, 이들이 그 도전에 응수할 마땅한 답을 찾지 못할 때는 더더욱 그렇다. 그렇지만 의견을 제시할 때는 가급적 차분한 태도를 갖추는 것이 바람직하다는 점은 밀도 인정한다.

밀이 용인할 수 있는 언론 자유의 한계선을 긋는 곳은 어떤 발언이 다른 사람에게 해를 입힐 수 있는 선동으로 이어지는 지점인데, 그 해란 심리적이거나 경제적인 것이 아니라 물리적인(physical) 해를 말한다. 보통은 여느 행위보다도 발언 및 여타 사상의 표현에 더욱 큰 관용을 베풀어야 하나 이 또한 한계가 있어야 함을 그는 명백히 했다. 어떤 사상을 표현하는 행위가 남한테 "해를 끼치는 행동"을 부추기는 것으로 여겨진다면 그 표현 행위는 그의 해악의 원칙에 따라 배격된다. 밀에 따르면, 예컨대 곡물상들 탓에 가난한 사람들이 굶주린다는 주장을 신문 기사로 보도하는 것과, 그와 동일한 주장을 곡물상들의 집밖에 모인 뿔난 군중에게 직접 말하(거나 현수막을 통해 알리)는 것은 다르다. 전자는 설령 그 내용이 그르거나 부도덕하더라도 공개 토론에 부칠 수 있는 논쟁적 의견인 반면, 후자는 그 상황을 고려할 때 선동 행위에 해당하므로 밀이 『자유론』에서 내내 주창하며 준용하는 해악의 일반 원칙에 따라 배격되어야 한다. 어떤 표현이 폭력 선동으로 여겨질 만한 것인지 아닌지는 표현의 맥락에 달렸다. 자기 집앞의 성난 군중을 자극하는 발언을 듣는 곡물상이 생명의 위협을 느끼는 것은 당연하다. 하지만 동일인이 아침을 먹으며 그와 같은 발언을 신문 기사로 읽는 경우, 그는 과격한 관점의 표현으로 인해 신변을 위협받는 일이 전혀 없이 강력히 이의를 제기할 수 있다.

그러나 실생활에서는 이야기가 그리 간단치 않다. 강하게 표출된 의견이 가해를 부추기는 선동으로 바뀌기 시작하는 지점이런 무척 모호하다. 그리고 오늘닐의 많은 작가는 심리적 해 또한 물리적 해 못지않게 인격에 해를 입힐 수도 있음을 인정하며, 따라서 밀처럼 타인에게 끼칠 물리적 해만을 의식하지 않을 것이다. 이 문제는 혐오 발언을 다루는 다음 장에서 다시 살펴보기로 하자. 그것은 허용할 수 있는 발언과 그렇지 않은 발언의 경계를 어디로 정할 것인가 하는 쟁점을 한층 복잡하게 만든다.

밀의 주장은 오늘날에도 유효할까?

밀의 주장을 근본적으로 반대하는 입장은 밀이 진술의 참과 거짓에 지나치게 집착한다는 점을 지적한다. 앞서 보았듯 토론을 벌이는 경기장이라는 밀의 모델은 쌍방이 의견을 차분히 주고받고, 진리가 오류와의 싸움에서 승리를 거두고 드러나면서 힘을 얻는 이상적인 학술 대회와 같다. 이 대토론회의 목적은 어떤 문제에 대해서든 진리에 더 가까이 다가가는 것이며, 따라서 필요하다면 참여자는 스스로 악마의 변호인이 되어 자기 사상의 한계를 시험해보기도 할 것이다. 하지만 인생은 토론회가 아니다. 또 진리가 인생의 전부도 아니다. 말과 여타 표현은 중대한 영향을 미친다. 다만 모든 사람이 어떤 쟁점을 논할 때 학자들이 하는(혹은 그들이 그리한다고 주장하는) 방식으로 말하고 표현하는 것은 아니다. 밀의 시각은 언론의 자유를 둘러싼 오늘날의 분쟁에서 일반적으로 발생하는 일을 포착하지 못한다.

홀로코스트 부정

그러나 밀의 논고는 홀로코스트 부인 문제, 특히 지금은 역사가로서의 신망을 잃은 영국 작가 데이비드 어빙(David Irving)이 미국 사학자 데버라 립스탯(Deborah Lipstadt)을 중대 명예훼손으로 고소한 사건에 해결의 실마리를 던져준다.

> **데버라 립스탯이 말하는 데이비드 어빙**
>
> 어빙이 반발한 대목
>
> "어빙은 홀로코스트 부인론의 가장 위험한 대변자 가운데 한 사람이다. 역사적 증거를 잘 다루는 그는 자신의 이념적 학식과 정치적 의제에 부합할 때까지 그것을 왜곡한다. 그는 영국의 쇠퇴가 독일과 전쟁을 치르기로 한 결정 때문에 가속화했다고 믿는 사람으로, 정확한 정보를 가져다 자신의 결론에 꿰맞추는 일은 그에게 식은 죽 먹기다. 〈뉴욕리뷰오브북스The New York Review of Books〉에 실린 그의 신간 『처칠의 전쟁Churchill's War』에 대한 서평은 증거에 이중 잣대를 들이대는 그의 행태를 적확히 분석한다. 그는 독일의 유죄를 입증하는 것에 관해서는 '절대적인 기록 증거'를 요구하면서 본인이 연합국을 규탄할 때는 몹시 정황적인 근거만 제시한다. 이것은 어빙뿐 아니라 홀로코스트를 부정하는 사람 일반의 전략에 대해서도 적확한 설명이다."

1994년에 출판된 『홀로코스트는 없었다*Denying the Holocaust*』에서 립스탯은 어빙을 "홀로코스트 부인론의 가장 위험한 대변자 가운데 한 사람"이라고 지칭했다.

책이 출간되자 어빙은 저자 립스탯과 영국의 출판사 펭귄 북스를 명예훼손으로 고소했다. 영국의 명예훼손법에서는 피고인에게만 입증의 의무가 있다. 이것은 립스탯이 어빙을 홀로코스트 부인론자로 평가한 것이 틀리지 않았음을 증명해야 한다는 의미였다.

어빙의 주장을 반박할 결정적 증거를 수집하는 과정은 복잡하고 시간이 오래 걸렸다. 기록보관소들은 물론 아우슈비츠까지 찾아가 증거를 조사했고, 수년이 흘렀다. 그리고 마침내 립스탯의 변호인단이 그녀의 주장을 법정에서 입증해 냈다. 판사는 "어빙이 홀로코스트 부인론자임에는 이론의 여지가 없다"라고 판결했고 그녀는 완벽히 승소한다. 판사의 소견을 더 들어보자.

어빙이 역사적 증거를 다루는 방식은 너무 삐뚤어지고 터무니없어서 그것을 그의 부주의로 받아들이기 힘들다.

그리고,

그는 자신의 정치적 신념에 부합하도록 증거를 고의로 왜곡했다.

이 사건은 진실에 관한 의문을 제기했다. 즉 역사적 사실들에 대한 질문이 쟁점이 되었다. 제2차세계대전중에 수백만 명이 가스실에서 살해당했다는 것은 사실일까 아닐까? 또 데이비드 어빙이 홀로코스트에 대한 증거를 고의로 왜곡했다는 것은 참일까?

립스탯은 대항표현(counter-speech)과 반증(counter-evidence)으로 어빙의 홀로코스트 부인론에 맞섰다. 이와 달리 어빙은 학문적 방식으로 립스탯과 세부 사항을 논쟁하기보다는 법의 힘을 빌려 그녀를 침묵시키려고 했다. 다행히 립스탯과 펭귄북스는 명예훼손 혐의를 반박할 유의미한 증거를 수집할 수 있는 상황이었다. 이와 같은 입장에 처한 작가와 출판사 중에는 소송 취하를 조건으로 합의를 강요받은 경우도 많았을 것이다. 그리고 그 재판 전에 일부 출판사는 어빙이 자신들도 고소해 협박할지 모른다는 두려움 때문에 그를 비판하는 책의 출간을 꺼렸다는 이야기도 있다. 하지만 이후 어빙의 주장은 법정에서 반론과 반증을 견디지 못하고 힘을 잃었다.

이 재판의 한 가지 부수 효과는 홀로코스트 역사가들이 홀로코스트 부인론자들을 반박하는 증거를 이전에 그랬던 것보다 훨씬 더 상세히 제시하게 되었다는 점이다. 전장에서 적의 존재는 그 역사가들로 하여금 나치가 홀로코스트에서 정확히 어떻게 체계적 학살을 저지르기 시작했는지에 대해 더 결정적인 증거를 찾는 데 집중하고 박차를 가하도록 하기에 충분했다. 또 한 가지 부수 효과는 어빙이 증거로 제시한 극단적 '해석'의 일부를 세상에 더욱 널리 알리게 되었다는 점이다. 일례로 립스탯은 법정에서 낭독된 바 있는 어빙의 1991년 캐나다 캘거리에서의 발언을 그녀의 책 『법정에 선 역사History on Trial』에 인용했다.

"난 아우슈비츠에 대해 점잔을 떨어야 할 이유를 전혀 모르겠습니다. 그 얘긴 엉터립니다. 잠꼬대 같은 소리죠. 그곳이 무자비한 강제 노역소고, 그 전쟁통에 수많은 사람이 다른 어딘가에서 무고하게 죽었듯 거기서도 수많은 사람이 죽었다는 사실을 인정한다고 해서 나머지 헛소리까지 믿어야 할 까닭이 있을까요? 사실 난 아우슈비츠의 가스실에서보다 채퍼퀴딕(Chappaquiddick)섬에서 고꾸라진 에드워드 케네디(Edward Kennedy)의 차 뒷좌석에서 죽은 여자들이 더 많다는 얘기를 꽤나 무신경하게 합니다. 아, 당신은 그게 무례하다고 생각하는군요. 그럼, 이건 어때요? 아주 많은 아우슈비츠 생존자가 떠돌

아다니고 있고, 실로 그 수가 해가 갈수록 늘어나는데 난 아무리 생각해봐도 생물학적으로 납득이 안 가는 일이라. 아우슈비츠 생존자(Auschwitz survivors)니 홀로코스트 생존자(survivors of the Holocaust)니 하는 거짓말쟁이들, 이 개자식들(A-S-S-H-O-L-S)을 위한 협회를 한번 결성해볼까 합니다."

재판 이후 앨런 더쇼비츠(Alan Dershowitz)는 이렇게 썼다.

대부분의 자유민주국가에서 허언이나 악언을 허용하는 한 가지 이유는 바로 나쁜 발언에 대한 최선의 대응은 좋은 발언이지 검열이 아니기 때문이다.

본래 이것은 언론 제한에 우선하는 언론 자유의 가치에 관한 존 스튜어트 밀의 주장 가운데 하나다. 위의 경우는 어빙이 립스탯을 고소함으로써 공론의 장이 마련되었고, 여기서 그의 발언은 판사라는 결정권자 앞에서 그 악의성과 허위성을 뒷받침하는 구체적 증거를 통해 하나하나 반박될 수 있었다.

어빙의 재판은 언론 자유의 쟁점을 좀더 분명히 드러내 보여주는 뒷이야기도 남겼다. 오스트리아에는 제3제국, 즉 나치 독일이 저지른 전쟁범죄의 축소를 엄금하는 법이 있는데, 2006년 비엔나를 방문중이던 데이비드 어빙이 이 법에 따라

체포되어 투옥된 일이 있다. 밀이 『자유론』에서 주장하는 관점에서 저러한 통칙은 진리의 추구를 저해한다. 밀이 보기에는 거짓된 견해라도 사상의 자유시장에서 수행하는 역할이 있음이 분명했다. 만일 누군가가 거짓말을 한다는 이유로 그를 침묵시킨다면 우리는 자신의 신념을 뒷받침하는 근거에 대한 이해도, 갈구도 없는 독단에 빠질 위험이 있다. 그리고 그의 거짓말이 공개적으로 논박되지 않고 억압된다는 바로 그 사실 때문에 오히려 그것에 커다란 신빙성을 부여할 위험도 있다. 오스트리아의 법은 어빙을 언론 자유의 순교자로 변모시켰다. 한편 어빙의 견해가 도전받고 결국 공개적으로 논박된 런던에서의 재판은 그보다 한결 나은 결론에 이르렀다. 역사에 대한 특정 해석을 불허하는 법은 언론의 자유에 명백히 배치한다. 또, 그로 인해 침묵하게 된 사람들을 의도치 않게 미화하는, 결코 원치 않았던 결과를 낳을 수도 있다.

진리보다는 존중

홀로코스트 부인의 사례는 현시대 언론 자유의 쟁점과는 상당 부분 차이가 있다. 이 사례에서는 사실 여부, 즉 과거에 대한 특정 진술이 참인지 아닌지가 중요하다. 하지만 오늘날에는 의견이나 진위보다 존중과 무례의 문제가 갈등의 초점

4. 신망을 잃은 역사가에서 언론 자유의 순교자로. 오스트리아에서 구속되기 직전의 데이비드 어빙.

이 되는 경우가 많다. 예를 들어 극작가 구르프리트 카우르 바티(Gurpreet Kaur Bhatti)의 연극 〈베즈티Behzti〉(이것은 '치욕'을 뜻한다)는 2004년 영국 버밍엄에서 초연될 때부터 그 작품을 모욕으로 받아들인 시크교 폭도들의 거센 반발에 부딪혔다. 그 플롯은 시크교 사원(gurdwara)에서 일어나는 성폭력과 살인 행위를 중심으로 한다. 묘사된 내용이 진실인지 거짓인지는 중요하지 않았다. 저 연극에 반대하는 사람들을 자극한 요인은 그것이 시크교 사원의 신성을 존중하지 않는다는 데 있었다. 이것은 소설이나 희곡, 영화에서 성스러운 인물과 장소가 신성모독적으로 묘사된다고 여겨질 때 종교 단체들이 흔히 보이는 반응이다. 문제는 진실 여부가 아니라, 종교(나 여타) 단체들이 부적절하게 다루어진다고 여겨 심히 거북해하리라는 이유에서 작가들의 접근을 금할 주제와 장소가 있어야 하는가다.

아마도 밀은 〈베즈티〉가 인류에게 유익한 견해를 표현할 수도 있으며, 따라서 이것을 속단하는 것은 잘못이라는 이유를 들어 작품의 상연을 지지했을 것이다. 그리고 이 연극에 대한 간접적 검열은 작가가 다른 사람에게 직접적으로 해를 끼치지 않는데도 그녀가 선택한 삶의 방향을 추구할 수 있는 역량을 몹시 제약한다는 점도 아울러 지적했을 것이다. 하지만 언론의 자유에 대한 밀의 기본 입장은 여기서 정확히 문제가 되고 있는 논점에, 즉 어떤 상징들이 지니고 있다고들 하는 신성함에 대한 멸시의 표현을 막으려는 종교적 동기의 시도들 속에서 반복되어 나타나는 주제에 둔감하다.

어느 정권에서는 어떤 견해가 실제로 참이라는 데서 또하나의 검열 근거를 찾을 것이다. 밀의 『자유론』은 이 점을 고려하지 않는다. 거짓 견해는 강력한 정부에 그리 해가 되지 않겠지만, 가령 1989년 톈안먼광장에서 반부패(와 민주화)를 외친 시위자들이 어떻게 감금되고 학살되었는지에 관한 지식이 중국 전체에 널리 퍼진다면 이것이 정치적 봉기의 도화선이 될 수도 있다. 이것은 중국 당국이 서방의 일부 인터넷 서비스 제공자(ISPs)의 협조로 자국 인터넷 검색엔진의 검색 결과를 검열하는 근거로 작용할 것이 틀림없다. 달리 말해, 검열자가 무오류를 상정한다는 밀의 주장은 여기서 요점을 빗나가는 것일 수 있다. 이런 경우 검열자의 임무는 사태의 진상을 많은 사람이 모르도록 숨기는 데 있지, 그들이 정말로 허위라고 믿는 견해를 검열하는 게 아닐 것이다. 이런 맥락에서 진실은 (하물며 진실의 근사치도) 위험하게 여겨질 수 있다.

더 나아가, 모든 표현은 참이거나 거짓일 수 있는 사실을 주장한다는 밀의 암묵적 가정에서 벗어나면 그의 접근법이 지닌 한계가 더일층 분명해진다. 예를 들어 다음 장의 주제인 포르노그래피 이미지 검열에 관한 논쟁은 묘사되는 것의

5. 1989년 톈안먼광장. 한 학생이 중국 정부의 부정부패를 규탄하며 용감히 시위하고 있다. 곧이어 정부군이 들이닥쳐 시위대에 총탄을 발포하며 수많은 인명을 살상한다. 하지만 인터넷과 여타 매체의 검열로 인해 당시에 무슨 일이 일어났고, 정부가 어떻게 대응했는지를 알지 못하는 중국인이 지금도 많다.

참과 거짓을 보통 따지지 않는다. 하드코어 포르노그래피 비디오는 카메라 앞에서 이루어지는 행위를 정확히 재현하기를 열망한다. 남성이 체외에 사정하는 장면을 보여주는 '컴숏(cumshot)'은 여기서 진짜 흥분 상태를 나타낸다. 배우들이 그저 연출된 동작을 무심히 행할 뿐이라는 의심은 사라진다. 그것은 진실을 함축하는, 사실을 나타내는 사진의 기록적 잠재력을 활용한다. 여기서 우리는 밀의 주장을 어떤 식으로 받아들여야 할지 알기 어려운데, 우리가 포르노그래피를 가령 여성(또는 남성)을 성적으로 이용해도 되는지에 대한 일반적 입장을 주장하는 것으로서, 혹은 일부 페미니스트가 주장해왔듯 그것은 모든 여성이 성적 종속을 욕망한다는 그릇된 메시지를 전달하고 강간과 같은 범죄를 직접적으로 조장한다는 일반적 입장을 주장하는 것으로서 받아들이지 않는 한은 말이다. 이런 경우 일반적 주장은 하나의 구체적 사례를 통해 전달되며, 부분이 전체를 대변한다.

'노 플랫폼' 논증

언론의 자유와 진지하게 표현된 거짓 의견의 가치에 관한 밀의 견해는, 설령 나와 첨예하게 의견 대립하는 사람들이 있더라도 우리는 그들을 위한 연단(platform)을 마련해주는

데 적극적으로 힘써야 한다는 결론에 이르는 것으로 보일 수도 있다. 이것은 우리의 의견이 가장 거친 시험을, 즉 진지하게 고수되는 오류와의 충돌을 공개적으로 거치도록 하는 방법이다. 밀에게 영감을 받았든 아니든, 이러한 노선의 주장을 해온 사람들도 있다. 이를테면 2007년에 옥스퍼드유니언(Oxford Union Society)이 언론의 자유를 주제로 개최한 토론회에서 당시 이 클럽의 회장 루크 트릴(Luke Tryl)은 진정한 토론을 위해서는 듣기 몹시 거북한 발언이 나오더라도 모든 견해를 경청하는 것이 중요하다고 말하면서 영국국민당의 닉 그리핀(Nick Griffin)과 데이비드 어빙을 연사로 초청한 일을 합리화했다.

그러나 많은 사람이 이런 자들에게는 플랫폼을 내주지 **말아야** 할 이유가 명확하다고 생각한다. 여기서 플랫폼은 말 그대로 옥스퍼드유니언과 같은 토론 클럽에 초대받아 서게 되는 연단을 가리킬 수도 있고, 공신력 있는 신문으로부터 지면을 제공받거나 라디오 또는 텔레비전 프로그램에서 인터뷰를 요청받는 것과 같은 발언의 기회를 뜻할 수도 있다. '노 플랫폼(No Platform)' 태도를 취하는 사람들은 그런 자들(가령 인종주의자나 홀로코스트 부인론자)이 이런 소통 채널들을, 말하자면 일종의 암묵적인 품위 인증 도장을 받은 매체들을 이용할 수 있게 둠으로써 그들에게 신뢰성을 부여하는 것은 도덕적으로 그르다고 주장한다. 예컨대 어빙을 옥스퍼드유니언에 연사로 초청하는 것은 그를 사학자로서 공식 인정하는 걸로 비칠 수 있고, 따라서 사람들이 그의 말을 필요 이상으로 진지하게 받아들이게 될 수 있다.

한편 어빙을 초청한 사람들은 옥스퍼드유니언이 맬컴 엑스(Malcolm X)를 비롯해 논란의 연사들을 초청해온 전통이 오래되었으며, 이런 특정 플랫폼에 초대한다고 해서 해당 연사의 발언을 무조건 지지하는 것은 아니라고 항변했다. 연사는 중요 논쟁에 지적 기여를 할 가능성보다 악명 때문에 선택되는 경우도 적지 않다.

'노 플랫폼'의 필요성을 인정하는 입장과 마찬가지로, 가령 동물학 콘퍼런스의 조직위원회는 '젊은 지구 창조론자(Young Earth Creationist)', 즉 성경에 나오는 생명의 기원에 관한 설명을 문자 그대로 받아들이는 사람을 명망 있는 과학자와 나란히 연단에 세우는 것은 부적절하다고 판단할 게 분명한데, 젊은 지구 창조론자의 견해가 과학적으로 존중받을 만한 것이 명백히 아님에도 그렇게 비칠 수 있기 때문이다. 이 문제와 관련해 리처드 도킨스(Richard Dawkins)는 동료 과학자인 로버트 메이(Robert McCredie May)의 말을 빌려 비꼬듯 논평한다. 한 창조론자가 그를 진화의 증거에 관한 공식 토론회에 초청할 때마다 이 과학자는 이렇게 답한다. "그 자리가 귀하의 이력서엔 퍽 어울려도 제겐 썩 어울리지 않을 것 같군요."

데버라 립스탯이 택한 전략 또한 변형된 '노 플랫폼'이었는데, 홀로코스트에 대한 데이비드 어빙의 견해를 조목조목 논박할 수 있는 몇 안 되는 전문가 중 하나임에도 그녀는 자신이 어빙과 함께 공개 석상에 서는 것은 그에게 당치 않은 신뢰성을 부여할 수 있다는 이유로 그와의 토론을 거절했다. 이 경우, 립스탯이 견실하고 진실한 학자로서 어빙과 어깨를 나란히 하는 것은 곧 그 역시 역시기로시 존중받을 만한 인물이라고 간접적으로 공언하는 격이 될 수 있다. 요컨대 어빙은 1차 사료의 일부를 철저히 곡해하는 모습을 보임으로써 그 스스로 완전히 신뢰를 잃었으며, 그런 그와 일일이 맞부딪는 일은 그가 연구자로서 어느 정도 복권한 것처럼 보이게 할 수 있다.

'노 플랫폼' 논증을 여타 관련 현상과 구별하는 것이 중요하다. 첫째, '노 플랫폼' 논증은 완전한 검열을 주장하지 않는다. 나는 당신에게 의견을 공표할 수단을 제공할 아무런 의무도 없지만 당신이 의견을 공표할 법적 권리를 존중한다. 특히 인터넷 시대에 이르러 우리 대부분은 자기 의견을 많은 사람에게 표현할 방법을 얼마든지 찾을 수 있다. 완전한 검열은 특정 의견의 표현을 모조리 차단하려는 시도다. 하지만 '노 플랫폼'은 어떤 발언자가 의견을 밝힐 수 있는 연단을 제공받

음으로써 간접적 지지를 얻게 되는 상황을 방지하기 위한 것이다.

'노 플랫폼' 논증은 관용적인 사람만이 관용의 수혜자가 될 수 있다는, 달리 말해 타인의 발언을 제한하는 사람은 언론의 자유를 보장해줄 필요가 없다는 견해와도 구별되어야 한다. 이런 식의 추론은 당장은 솔깃할지 몰라도 '언론의 자유'라는 이름에 걸맞지 않다. 그것은 모종의 검열로 이어질 수도 있는 생각이다. 언론의 자유를 주창하는 밀은 결코 편협한 사람들의 말을 들을 가치가 없는 것으로 치부하지 않을 것이다. 그들도 여러 사안에 관해 진실을 말할 가능성이 충분히 있으며, 그들의 의견이 진리의 요소를 포함하고 있을 수도 있다. '노 플랫폼' 논증은 우리가 특정 사람들에게 연단을 제공함으로써 간접적으로 행하게 되는 일에 관한 것이지, 발언자의 편협함을 벌하는 차원에서 그가 어떤 연단에도 발붙이지 못하게 가로막는 것이 아니다.

언론의 자유에 관한 밀의 선언은, 설령 어느 극단론자의 견해가 역겹게 여겨지더라도 그를 공개 토론회에 초청해 함께 논쟁해야 한다는 주장을 정당화하는 것처럼 들릴 수 있다. 하지만 결과주의자로서 밀은 그런 초청이 때로는 엄청난 부작용을 낳을 수 있다는 점 또한 잘 알고 있었을 것이다. 그리고 발언자의 표현이 폭력 선동으로 이어지는 지점에 아주 뚜렷한 한계선을 그었을 것이다.

그러나 누군가가 신문이나 잡지, 텔레비전을 통해 많은 사람에게 메시지를 전달하는 일을 거듭 저지당한다면 비공식적 검열이 이루어지고 있는 것처럼 보일 수도 있다. 그 결과 그의 사상이 공개적으로 표현되지 못하고 비판적 검토에 부쳐지지 않는다면 이것은 불행한 일일 것이다.

제 3 장

모욕 주고받기

최근 들어, 언론의 자유는 책임 있게 행사될 때만 진정한 언론의 자유라는 말을 자주 듣는다. 일부 작가들은 모욕 행위를 어떠한 언론 자유의 원칙으로도 보호해서는 안 된다고 주장한다. 그러니까 한 개인이나 집단을 모욕하는(설사 의도치 않았더라도) 사람은 언론의 자유를 방패 삼을 생각을 말아야 한다는 것이다. 그들은 타인의 마음을 세심히 헤아리고 공손할 줄 알아야 한다. 하지만 이런 입장은 언론 자유의 원칙을 완전히 부정하는 것이라고 비판하는 사람들도 있다. 그 원칙의 취지는 다양한 표현을, 즉 합리적인 사람들이 지지할 만한 그 이상의 갖가지 견해를 보호하는 데 있다고 보기 때문이다. 이것은 몹시 불쾌하고 짜증나는 반대 의견을 가진 사람들의 언론 자유도 보호해주어야 한다는 의미다. 언론의 자유는 고상한 자유주의 지식인들뿐 아니라 몹시 편협한 의견을 가진 사람들을 위한 것이기도 하다. 내가 동의할 법한 말만 보호하는 원칙이라면 '언론의 자유'라고 칭해야 할 명확한 이유가 없다.

또 상대가 싫어할 만한 말을 내뱉을까 두려워 자기검열을 하는 것은 '야유꾼의 거부(the heckler's veto)'에, 즉 청자 중 누군가가 내 말을 모욕적으로 느낄 가능성이 있다면 입을 다무는 게 좋다거나 혹시 말을 꺼내더라도 불쾌감을 주지 않게 예의를 차려야 한다는 생각에 굴복하는 것일 수도 있다. 그런데 이런 생각이 얼마나 설득력이 있을까?

앞서 보았듯 존 스튜어트 밀은 폭력 선동이 언론의 자유를 제약하기 위한 적절한 간섭 시점임을 분명히 했다. 단순 모욕은 간섭의 충분한 근거가 되지 못하므로 법이나 위협, 사회적 압력으로 가로막아서는 안 되는 것이었다. 그는 모욕적 발언이 지대한 영향을 끼칠 수 있다는 것을 알았다. 사람들은 자신이 중요하게 여기는 일에 대해 표현된 특정 견해를 듣고 분노가 끓어오를 수도 있다. 그런데 그런 분노는 종교 문제에서 비롯하는 경우가 많다. 이와 관련해 밀은 대부분이 이슬람교를 믿는 국가를 예로 들면서 일부 사람이 돼지고기를 먹는다는 사실에 혐오감을 느끼는 이슬람교도 상당수가 비이슬람교도의 돼지고기 식용을 금지하는 것이 과연 정당한지를 묻는다. 그의 대답에 의하면 돼지고기 식용이 다른 사람에게 직접적으로 해를 끼치지 않는(그러나 돼지에게 해를 입히는 일이라고 보는 사람들도 있을 수 있다) 자기 관계적(self-regarding) 행위인 한 그것은 정부가 간섭할 일이 아니며, 개인의 이런 식단 선택을 사회적 압력이나 다수의 묵시적 또는 실제적 위협으로 가로막아서도 안 된다. 여기서 돼지고기 식용은 발언의 예도, 표현의 예도 명백히 아닌데다가 밀은 이 문제를 개인적 차원에서만 논한다. 그런데 밀은, 가령 그런 나라에서 파는 신문에 한 개인이 돼지 식용에 찬성하는 사설을 쓸 자유에 대해서는 뭐라고 말했을까? 아마도 그는 앞서 제2장에서 살펴본 종류의 근거를 들어, 많은 독자에게 불쾌감을 줄 수 있음에도 개인이 신문을 통해 그런 견해를 표현할 자유를 옹호했을 것이 틀림없다.

신성모독

필자가 이 책을 쓰기 시작할 때만 해도 잉글랜드와 웨일스는 기독교(이상하게도 다른 종교들은 모두 배제하고)에 대한 신성모독을 관습법 위반으로 다스렸다. 그리고 2008년 6월이 되어서야 폐지한다. 사실 이 법은 기독교를 보호하는 것 이상으로 훨씬 특수했다. 오직 유서 깊은 교회, 즉 영국 성공회에만 적용되는 법이었다. 예컨대 누군가가 침례교 신앙의 어떤 면을 헐뜯는 말을 하더라도 성공회교도가 이 특정 신앙을 공유하지 않는 한 법적으로 신성모독죄는 성립하지 않는다. 따라서 이슬람교도가 성공회에서 신성하게 여기는 대상이나 관념을 폄훼하는 것은 기소될 수 있는 일이었겠지만, 성공회 신자가 이슬람교를 똑같은 식으로 비방하는 것은 법적으로 아무런 문제도 되지 않았을 것이다. 결국 이 비대칭적 상황에 대한 각성은 기존의 신성모독죄를 확대해 더는 특정 종교인이 차별받지 않도록 해야 한다는 주장으로 이어졌다. 이것은 언론의 자유를 상당히 제약했을 수도 있지만 그 자유를 크게 희생시키는 대가로 일관성을 갖출 수는 있었을 것이다.

언론의 자유를 옹호하는 사람들은 대체로 신성모독죄를 구시대의 역사적 유물로 보고, 고도로 세속화한 사회에는 특히 부적합한 것으로 생각한다. 하지만 오늘날의 신성모독죄 지지자들은 종교는 한 개인에게 더없이 중요한 것 중에서도 으뜸가는 것이므로 그것을 모든 언어폭력으로부터 보호해야 한다고 주장한다. 영국의 경우는 성공회가 국가 제도 내에서 차지하는 지위 때문에 상황이 복잡했다. 신성모독 금지법의 취지는 사람들이 소중히 여기는 견해가, 그들이 모욕으로 여기는 방식으로 공격받는 일이 없도록 그들을 보호하는 것이다. 나아가 혹자는 이 법이 사회체제를 무너뜨릴 만한 행위를 예방하기 위한 것이기도 하며 실제로 그 목적에 기여한다고 생각한다.

지난 50년간 영국에서 신성모독죄로 판결이 난 드문 사례 가운데 하나로, 1977년에 보수주의 운동가 메리 화이트하우스(Mary Whitehouse)가 잡지 〈게이뉴스Gay News〉의 편집장 데니스 레몬(Denis Lemon)을 상대로 제임스 커컵(James Kirkup)의 시 「감히 그 이름을 말할 수 있는 사랑The Love that Dares to Speak its Name」의 출판 금지를 촉구하며 제기한 소송 건을 들 수 있다. 이 시에서 한 로마군 백인대장은 얼마 전에 십자가에 못박힌 예수 그리스도에게 펠라티오를 한 다음, 그의 상처에 사정을 하고, 마침내는 일어서신(risen) 그리스도를 자기 안에 맞아들인다(penetrated). 그리고 백인대장이라는 인물은 그리스도가 생전에 12명의 제자와 모두 성관계를 가졌음을 암시하기도 한다. 이 시는 본래 동성애적 판타지를 그린 것으로, 주로 남성 동성애자 독자층을 기반으로 하는 한 잡지에 실렸었다. 화이트하우스는 그리스도를 이런 식으로 묘사하는 것은 기독교인에 대한 심대한 모욕이므로 총력을 기울여 법으로 맞서야 한다고 주장했다. 그 시가 "신성모독적 명예훼손"이며 그리스도를 욕보였다는 것이다. 법원은 레몬에게는 9개월의 집행유예와 벌금 500파운드를, 〈게이뉴스〉

의 발행인에게는 별도로 벌금 1000파운드를 선고했으며, 이 판결은 〔당시 최고법원의 역할을 담당했던〕 상원에서 항소가 기각되어 원심이 확정되었다. 이것은 법률상 특별 보호를 받는 특정 단체의 비위를 상하게 했다는 이유만으로 한 편의 글을 법으로 금지한 사건이었다. 이런 선례가 있었음에도 2002년 런던에서 조지 멜리(George Melly)와 피터 태첼(Peter Tatchell)을 비롯한 휴머니스트들이 25년 전의 사건을 기념하며 저항의 뜻으로 추진한 그 시의 공개 낭송회는 기소되지 않았다. 피터 태첼은 당시에 이렇게 썼다.

왜 그리스도교만 비판과 이의제기로부터 특별 보호를 받아야 하는가? 다른 어떤 기관도 사상과 의견의 표현을 억압하는 그런 무소불위의 권한을 누리지 않는다. 언론의 자유와 항의의 권리, 예술의 자유라는 이름으로 신성모독죄를 철폐함이 마땅하다.

태첼의 바람은 결국 이루어졌다.

모든 신성모독죄는 유럽인권조약에 저촉될 가능성이 있다. 조약 제10조에 의하면 "모든 사람은 표현의 자유를 누릴 권리가 있다." 이것은 소선부권리로, 국가안보리든가 범죄 및 무질서 예방, 개인의 명예 보호와 같은 고려 사항을 우선시하는 결정에 따라 기각될 수도 있다. 하지만 제10조는 "모든 사람은 사상과 양심, 종교의 자유를 누릴 권리가 있다"라고 명시하는 제9조와 균형을 이루어야 한다. 이들 조항은 외부의 간섭 없이 자신을 표현할 수 있는 자유와 스스로 종교를 선택하고 신앙생활을 영위할 수 있는 자유(여기에는 개종의 자유도 명백히 포함된다)가 현시대 유럽 사회의 중요한 가치임을 방증한다. 종교인들은 어떤 표현이, 방해받지 않고 종교(또는 강한 신념)를 추구할 자신의 자유를 침해한다고 느낄 때 그 표현을 신성모독죄로 고소할 수 있다고 생각한다. 하지만 반종교적 발언으로 인한 기소 가능성의 위협은 언론의 자유에 대한 심각한 제약으로 여겨질 테고, 그런 표현으로부터 보호받는 종교가 많아질수록 규제도 늘어날 것이다. 제9조와 제10조를 고려해 특정 사례들을 다룰 때 그들 조항에 각기 얼마만큼의 비중을 두어야 할지 가늠하기란 쉬운 일이 아니다. 종교 및 신념의 자유가 갖는 가치와 언론의 자유가 갖는 가치는 상충할 수 있다. 어느 하나에 우선권을 주지 않고서는 명확히 해결할 방법이 없다. 게다가 많은 사람은 신성모독죄에 따른 기소가 만에 하나 실제로 이루어질 가능성만이 아니라 그런 죄가 성립한다는 사실 자체로 인해 출판인과 창작자가 자기 검열을 하게 된다는 점도 우려한다.

근원적 문제는 신성모독죄가 모든 사회에서, 특히 다양한 종교적 관점과 비종교적 관점을 가진 사람들로 구성된 사회에서 합리적 근거를 갖느냐 아니냐다. 잉글랜드와 웨일스에서 최근에 폐지한 관습법 위반죄와 같이 신성모독으로부터 기독교 하나만을 보호하는 (따라서 본질적으로 차별적인) 역사적으로 특수한 법을 확대하는 데서 즉각 발생하는 문제는 그것을 다른 모든 종교에도 적용할 경우 집행이 완전히 불가능해지리라는 것이다. 기독교의 신성불가침적인 주제 및 인물의 범위도 넓기는 하지만 기독교와 이슬람교와 유대교와 힌두교를 합한 것만큼은 아니다. 그 밖에도 이 목록에 포함해야 할 종교는 많다. 일단 여기까지 왔다면 종교가 없는 휴머니스트들의 가장 핵심적이고 소중한 신념들도 공평하게 보호해야 하며, 그렇지 않다면 그것들을 달리 다루어야 할 분명한 이유를 제시해야 한다. 그뿐 아니라 다신론자가 여러 신을 거명할 때마다 일신론자가 느낄 거북함은 어떻게 해결하고, 그 반대의 경우는 또 어떻게 할 것인가? 종교 단체든, 사이비 종교 집단이든, 비종교인이든 간에 저마다 귀중히 여기는 다양한 성물과 성지, 성인, 신화, 사상이 있기 마련이다. 이 모든 것을 신성모독적 발언으로부터 보호한다는 것은 어불성설일뿐더러 성공할 수도 없다.

 그러나 신성모독죄는 부절제하고 악의적으로 기독교를 적대하는 표현만을 규제하며, 이러한 규제 방식은 다른 지역의 다른 종교들에도 쉽게 확대하여 적용할 수 있다는 반론이 있다. 이것이 바로 2005년에 토니 블레어(Tony Blair) 정부가 발의한 '종교적 증오 선동' 금지 법안의 골자였다. 다른 종교도 모두 동등하게 대우한다는 입법 취지는 좋다. 하지만 아무리 절제된 언어로 말하더라도 **일부** 종교적 근본주의자를 격앙시키고, 신성모독이나 종교적 증오를 선동하는 것으로 여겨질 수 있는 표현들은 사라지지 않을 것이다. 그리고 종교가 인류에게 해악을 끼치는 암울한 상황을 그린 책 『만들이진 신 *The God Delusion*』에서 리처드 도킨스가 밝혔듯 많은 종교적 표현이 일부 비종교인에게는 무척 거북하게 여겨질 수도 있다. 왜 종교적 신앙을 가진 사람의 의견만을 모욕으로부터 보호해야 하는지 전혀 분명치 않다.

무엇을 '절제된' 언어로 볼 수 있느냐를 판단하는 것은 미묘한 문제다. 근래에 종교인들이 가장 불쾌하게 여긴 것 상당수는 패러디와 유머의 형태로 나타났다. 자유 세속주의자들에게 연극이나 소설, 영화에 대한 종교인들의 박해는 유머 감각의 부재로뿐 아니라, 그 제작 과정에서 아무도 해를 입지 않고 그것이 폭력 선동으로 해석되지만 않는다면 성인이 자유롭게 자신이 선택한 오락거리를 즐길 수 있는 자유에 대한 용납할 수 없는 간섭으로도 받아들여질 수 있다. 예를 들어 1979년에 개봉한 희극단 '몬티 파이튼(Monty Python)'의 영화 〈브라이

6. 희극단 '몬티 파이튼'이 예수의 일생을 패러디해 논란을 불러일으킨 영화 〈브라이언의 일생〉에서 브라이언의 어머니는 그를 구세주로 착각해 집앞까지 쫓아온 추종자들에게 "걔는 구세주가 아니에요. 그냥 말썽쟁이일 뿐이지"라고 소리를 지른다. 이것은 누군가에게는 신성모독이지만, 또 누군가에게는 기똥찬 농담이다.

7. 신성모독적 패러디? 일부 기독교인은 〈제리 스프링어—디 오페라〉가 그리스도를 동성애자처럼 묘사한다고 격분했다.

언의 일생Life of Brian〉은 많은 기독교인의 노여움을 샀다. 영화 속의 구세주는 예수가 아닌 브라이언이라는 이름으로 불리기는 하나 그 역시 예수처럼 십자가에 못박힌다(그는 죽으면서 "언제나 인생의 밝은 면을 바라봐"라고 노래한다).

더 최근 사례로〈제리 스프링어—디 오페라Jerry Springer: The Opera〉라는 초현실주의 뮤지컬이 있는데 한 리얼리티 텔레비전 쇼(1991년부터 2018년까지 방영된 미국의 토크쇼〈제리 스프링어 쇼The Jerry Springer Show〉—옮긴이)와 기독교를 뭉뚱그려 패러디한 작품이다. 커컵의 시가 그랬듯 이 작품도 그리스도가 동성애자임을 암시한다는 이유로 드센 항의를 받았고, 영국의 BBC에서 텔레비전으로 방영되었을 때는 제작진을 신성모독죄로 고발하겠다는 압력도 있었다. 기독교인 일부는 패러디 리얼리티쇼에 하느님과 예수, 성모 마리아, 악마에 대한 비유가 나오는 것을 싫어했고, 또 일부는 그것을 무해하고 재밌다고 생각했다. 하지만 기독교 단체들의 반대 캠페인은 그 쇼가 방해의 위협으로 인해 상연이 불가능해질 정도로 간접적 영향을 미쳤다. 이것은 일종의 간접적 검열, 즉 야유꾼의 거부 사례로 널리 알려졌다.

이 뮤지컬의 제작자 가운데 한 사람인 코미디언 스튜어트 리(Stewart Lee)는 종교적인 이야기와 인물이 창작기에게 제공하는 풍부한 자원에 관해 다음과 같이 주장했다.

종교인들은 종교적 이야기가 정말로 사실이기 때문에 살아남는다고 말하지만, 합리적인 사람들도 그런 종교적 이야기와 신화, 민담이 늘 실제로 사실은 아니더라도 우리에게 인간의 경험에 관한 것을 들려준다는 점에서는 사실일 수 있다고 인정한다.

비종교인으로서는 심원한 심리적 진실을 담고 있는 풍부한 문화 자산이라 할 복음서와 같은 종교적 이야기를 왜 다양한 방식으로 재사용 못하도록 특별 보호하는지 선뜻 납득이 가지 않는다. 버트런드 러셀(Bertrand Russell)과 같은 세속의 영웅들도 '몬티 파이튼'과 같은 창작 집단들의 패러디 소재가 되는 것을 비껴가지 못했는데 왜 종교적 인물이라고 해서 예외여야 한단 말인가?

오직 종교적 신념만이 특별 보호를 받아야 한다는 생각은 뭔가 이상하다. 자유로운 사회에서는 어떤 신념이라도 검토와 비판, 패러디, 심지어는 조롱도 순순히 받아들여야 한다. 실로 어떤 견해들은 조롱을 당해도 싸며, 우리가 그것을 심각하게 다루는 것은 바람직하지 않을 것이다. 코미디언 로언 앳킨슨(Rowan Atkinson)은 영국 정부가 발의한 종교적 증오 선동 금지 법안에 반대하며 이렇게 주장했다.

종교에 대해 강한 반감을 부추기는 일이 왜 잘못인가? 어떤 종교의 신념이나, 그 이름을 앞세워 자행되는 행위가 강한 반감을 살 만한 것인데도 잠자코 있어야 하는가? 그 종교의 교리나 신앙이 아주 구시대적이고, 위선적이고, 인권침해적이어서 비판하지 않고 침묵하는 것이야말로 몰상식한 처신이라면 어쩌겠는가?

보호해야 할 것은 절제된 표현의 견해만이 아니라고 주장하며 언론의 자유를 옹호하는 사람들도 있다. 세미나와 같은 상황에서 이루어지는 이성적 토론이나 조리 정연한 신문 칼럼에만 언론의 자유를 허용해야 한다는 생각은 이 자유의 경계를 보호할 때 많은 사람이 지키고 싶어하는 가치의 참뜻을 포착하지 못한다. 그것은 언론 자유의 역사와, 한때는 구설에 오르고 탄압받았으나 나중에 정전(正傳)이 된 작품과 표현 행위가 있다는 사실과도 어긋나는 생각이다. 예컨대 소설가 필립 헨셔(Philip Hensher)에 따르면 언론의 자유에는 신문을 통해 정부 정책을 비판할 자유라든가 신념과 성적 취향, 인종에 관해 겁박의 두려움 없이 공개적으로 솔직하게 토론할 자유뿐 아니라 "방문중인 독재자가 여왕의 랜도 마차를 타고 왕실 도로(The Mall)를 지나갈 때 그를 향해 상소리를 내뱉을 자유"도 포함되어야 한다. 그는 종교를 풍자하고 조롱할 수 있는 자유 또한 언론의 자유로 인정해야 한다고 주장한다. 그리고 "수 세기에 걸친 언론 자유의 발전은 차분하고 이성적인 논쟁뿐 아니라 무절제와 무책임에 의해서도 이루어져왔다"라고 지적한다.

올리버 캠(Oliver Kamm)도 비슷한 주장을 했다.

언론의 자유는 중요하기는 하나 모욕을 범하지 않는 가운데서 지켜져야 한다는 생각은 선결문제 요구의 오류인데 모욕을, 범하지 말아야 할 것으로 이미 전제하고 있기 때문이다. 언론의 자유가 때로는 실제로 해를 끼치기도 하지만 이것은 전혀 잘못된 것이 아니다. 지식은 나쁜 사상을 물리침으로써 발전하며, 이 과정에서 조롱과 조소만큼 강력한 도구도 없다.

리처드 포스너(Richard Posner) 역시 불쾌감(offensiveness)이 사상의 자유시장에서 중요한 역할을 할 수 있다고 강조한다.

사람들은 자기 삶의 방식이 도전을 받으면 혼란스러워하지만 그 혼란이 의심의 씨앗이 되어 결국 변화로 이어질 수도 있다. 지금은 관습적으로 여겨지는 사상과 의견도 모두 처음에 주장될 때는 대단히 불쾌감을 주었다는 사실을 떠올려보라. 그러므로 **타인**의 가치와 신념에 도전이 될 수 있는 사상을 듣고, 말할 수 있으려면 기꺼이 그들에게도 동일한 권리를 주고, 따라서 불쾌감은 표현을 처벌할 수 있는 근거가 되지 못한다는 데 동의해야 할 것이다.

그러나 종교적 신념에 대한 모욕을 금지하는 주된 근거는 모욕 자체를 위한 **고의적** 모욕을 방지한다는 데 있을지도 모른다. 종교인을 모욕하면서 즐거움을 느끼는 사람들도 실제로 있다. 다시 말해 종교인이 더없이 소중하게 여기는 것에 대한 **고의적** 공격은 금지해야 한다. 고의적 모욕은 건전한 사회적 관계 형성에 도움이 되지 않기 때문이다. 만일 특정 집단이 고의적 공격성을 띤 패러디의 대상이 되는 일이 자주 발생한다면(가령 사이언톨로지Scientology와 같은 신흥종교 신도들이 겪었듯) 앞으로 그들은 사회에서 진지하게 받아들여지기 어려울 것이다. 우발적 모욕은 문제가 되지 않는데, 이성적인 사람이라면 자신의 발언이 누군가에게 불쾌감을 주었음을 깨달았을 때 시정할 것이기 때문이다. 따라서, 가령 이슬람교에서는 선지자의 재현을 금한다는 사실을 모른 채 무함마드를 그린 만화가와 무함마드를 희화해 이슬람교 신도들을 자극한 만화가는 경우가 다른데, 이 풍자화를 그린 사람은 이슬람교가 저러한 표현을 금한다는 사실을 **알면서도** 이를 우습

게 여기고 바로 그 생각을 시각적으로 **알리고자** 했기 때문이다.

이러한 접근법의 한 가지 문제는 작가나 연사, 만화가, 영화감독 등의 커뮤니케이터들은 다양한 이유로 창작을 하며, 그 이유 중 일부는 불명확하고 또다른 일부는 복합적이라는 데 있다. 창작 동기가 단일한 경우는 거의 없으며, 있다손 쳐도 하나의 작품은 예술적 맥락에서 다양하게 해석될 여지가 있다. 이를테면 아얀 히르시 알리(Ayaan Hirsi Ali)가 테오 판 호흐(Theo Van Gogh)와 함께 2004년에 제작한 영화〈복종 제1부Submission: Part 1〉는 한 여성의 몸에 쓰인 쿠란 구절들을 반복해서 보여주는데, 이슬람교의 교리가 어떻게 여성들이 받는 부도덕한 대우를 정당화하는 데 이용될 수 있는지, 또 그렇게 이용되어올 수 있었는지에 관해 그녀가 생각하는 바를 알리기 위한 것이었다. 영화는 네 명의 여성이 겪은 이야기를 들려준다. 한 여성은 간통을 저질렀다는 죄목으로 채찍질을 당하고, 다른 한 여성은 싫어하는 남자와 강제로 결혼을 하고, 또 한 여성은 남편에게 매를 맞으며, 마지막 여성은 삼촌에게 강간당한 후 그 사실을 안 아버지로부터 버림받는다. 이 작품은 네덜란드에서 텔레비전으로 방영되었다. 그녀의 의도는 이슬람교 자체를 모욕하려는 것이 아니라 현대적 상황에의 적응을 용인치 않는 이슬람교 교리의 낙후성을 공격하는 것이었다.

나는 쿠란이 인간의 행위지, 신의 행위가 아니라는 말을 전하고 싶었다. 우리는 그것을 자유롭게 해석할 수 있어야 하며, 과거의 끔찍했던 상황을 재현하기 위해 고통스럽게 몸부림을 치는 대신에 그것을 새로운 방식으로 현시대에 적용할 수 있어야 한다. 나는 여성 이슬람교도들이 (또 남성 이슬람교도들 역시) 더 자유로워질 수 있도록 이슬람교의 정신을 해방하고자 했다.

정통 이슬람교는 이것을 과격한 메시지로 받아들였다. 일부 이슬람교 지도자는 신성모독이자 고의적 도발이라고 여겨 맹렬히 비난하기도 했다. 하지만 알리의 관점에서 이것은 영화의 의도가 아니었다. 그녀는 테오 판 호흐에게 전달한 대본에 이렇게 명시했다. "나는 누군가를 도발하기 위해 이 대본을 쓰지 않았다." 그녀는 자신을 힐난하는 사람들에게 이 영화는 이슬람교의 자기반성을 간청하는 것이며, 이런 자기반성을 위한 모든 자기표현은 (물리적 또는 언어적 폭력이 아니라면) 허용되어야 한다고 답했다. 그녀의 목적은 이슬람교도를 무신론자로 이끄는 게 아니라 "이슬람 문화의 치부, 특히 여성에 대한 가혹 행위를 고발"하는 것이었다. 그녀도 영화가 논란을 불러일으키리라고 예상했다. 하지만 그녀는 표현의 자유를 중시하고 보호하는 오랜 역사를 가진 한 나라의 법 테두리 내에서 아무 문제도 없이 행동하고 있었다.

2004년 11월 암스테르담 거리, 그 영화를 감독한 테오 판 호흐가 자전거를 타고 가던 중 총격을 받고 살해되었다. 그를 살해한 모하메드 부예리(Mohammed Bouyeri)는 쿠란을 인용해 알리를 협박하는 다섯 쪽의 편지를 그의 가슴에 꽂아놓았다. 알리는 신변 보호를 위해 숨어다녀야만 했다.

누구도 도발할 의도가 없었다는 알리의 주장을 솔직하지 못하다고 쉽게 치부해버릴 수 있을까? 이런 종류의 사례를 어떻게 판정해야 할지 알기 어렵다. 그것은 살만 루슈디의 소설 『악마의 시』에 대한 이슬람교의 반응과 닮은 점이 많다. 이러한 반응은 종교 및 그 밖의 여러 문제와 관련해 개인이 표현의 자유를 누리는 것은 민주적 문명사회의 타협할 수 없는 측면이라고 믿는 사람들과, 자신들의 종교는 신성불가침이며 그들이 보기에 신성모독적이라고 판단되면 누구도 그런 것을 표현하도록 허용해서는 안 된다고 주장하는 사람들 사이의 교착 상태를 상징한다.

자신들의 종교에 대한 비판이나 자신들이 신성모독으로 여기는 표현을 용인치 않는 성향을 보이는 것은 비단 기독교와 이슬람교만이 아니다. 제2장에서 언급했듯 2004년 구르프리트 카우르 바티의 〈베즈티〉에 대한 시크교의 시위는 1천여 명의 신도들이 버밍엄 레퍼토리 극장을 급습하고 3명의 경찰관이 부상을 입는 사태로 이어졌다. 바티는 신변의 안전을 위해 숨어 지내야만 했다. 아얀 히르시 알리처럼 그녀 역시 자신의 작품은 고의적 모욕의 의도가 없음을 분명히 밝혔다.

> 〈베즈티〉는 누군가를 모욕하기 위한 작품이 아니다. 나는 이 작품에서 인간의 나약함이 어떻게 사람들을 위선의 감옥으로 이끄는지를 진지하게 탐구하고 싶었다.

그러나 이 작품은 간략한 줄거리만으로도 많은 시크교도의 공분을 사기에 충분했는데 시위에 나선 자들 중 작품을 직접 관람한 사람은 거의 없었다. 극장을 급습한 사건은 이 특정 사례를 훨씬 넘어서는 광범한 영향을 미쳤다. 달리 말해 이러한 일례의 위험은 폭력의 공포로 인해 작가들이 알아서 자기검열을 하게 만든다는 데 있다.

창작을 하는 사람들은 기독교와 이슬람교, 시크교 등 다양한 종교의 종교적 민감성을 항시 의식해야 하며, 종교적 신념은 신성불가침이므로 비판으로부터 자유로워야 한다는 생각은 열린 민주국가에서는 받아들여지기 힘들다. 모욕 행위를 금지하는 것은 관용의 정신에 부합하지 않는다. 일부 종교인이 보이는 편협함이 많은 비종교인(과 또다른 일부 종교인)에게는 무척 거북하게 여겨질 수도 있다. 하지만 그렇다고 해서 비종교인이나 반종교인이 폭력으로 그 편협함에 맞설 수 있는 것은 아니다. 이때는 대항표현이 필요하다.

혐오 발언

고의적 도발의 문제는 이른바 혐오 발언을 금지하는 법을 정당화하는 데도 중요하다. 혐오 발언은 표적으로 삼은 상대를 극심히 모욕하고 비방하기 위한 표현이다. 이것은 대단히 모욕적이어서 (비록 폭력을 직접적으로 선동하는 정도까지는 아니지만) 일종의 해악을 끼치는 것과 마찬가지며, 따라서 그보다 덜 모욕적인 표현들과는 달리 검열에서 면제해서는 안 된다고 많은 사람이 생각하는 말이나 글 등의 표현이다. 다시 말해 혐오 발언은 여타 발언과 달리 언론의 자유를 보장해줄 가치가 없는 별개의 범주로 곧잘 간주된다. 어떤 신성모독은 종교인을 겨냥한 혐오 발언으로서 쉽게 재규정할 수 있지만, 또 어떤 신성모독은 단순히 다른 사람들이 소중하게 또는 성스럽게 여기는 상징을 몰라보거나 특별 대우를 하지 않는 문제다.

혐오 발언은 주로 인종이나 종교, 성적 지향을 문제삼아 사람들을 비하한다. 이런 발언을 하는 데 사용되는 언어 또는 여타 표현 형식과 그것이 말이나 글로 표현되는 맥락은 모두 어느 집단이나 개인에게 모욕감과 수치심을 주기 위해 계획된다. 그것은 표적을 맞히는 데서 효과를 거두는 경멸의 표현이다. 즉 그것이 발언자나 글쓴이의 의도를 충족하기 위해서는 표적으로 삼은 집단이 그 메시지를 듣거나 읽거나, 그렇지 않으면 또다른 방식으로 인지해야 한다. 이것은 사적인 혐오감 표현의 문제라기보다는 도발적으로 행하는 극단적 모욕의 문제다.

혐오 발언은 전염을 의도할 때가 많다. 그것이 노리는 효과의 하나는 다른 사람들도 그와 같은 악의적 견해를 표현하도록 부추기는 것이다. 광범한 표현의 자유를 옹호하는 사람들이라면 누구나 여기서 자유의 가치와, 개인의 존엄성을 위협하고 따라서 그들의 삶에 날마다 심대한 지장을 줄 정도로 극단적인 인종차별과 동성애 혐오 표현을 허용하는 데 따르는 비용 사이의 냉혹한 선택에 직면한다. 혐오 발언의 표적이 되는 사람들은 약자와 소수자인 경우가 특히 많다. 이들에게 언론의 자유는 그들의 존엄성과 자존심을 위협할 수 있다는 점에서 큰 대가를 요구할 가능성이 있다.

극단적인 자유주의 입장은 자유로운 언론 정책을 채택했을 때 충분히 일어날 수 있는 불행한 결과의 하나로서 혐오 발언을 지지한다. 모든 종류의 발언은 기소로부터 보호할 가치가 있다고 보는 것이다. 미국에서는 언론 자유의 보호를 명시한 수정헌법 제1조에 따라, 아무리 역겨운 혐오 발언이라도 많은 경우 허용해야 한다는 판결로 이어진 유명한 사례들도 있었다. 그런 발언을 기소로부터 보호하는 건 그것이 정치적 논쟁의 일부일 가능성이 있기 때문이다.

스코키와 관용

그러한 사례 가운데 미국에서 가장 유명한 것은 1977년 일리노이주의 스코키(Skokie)라는 마을에서 일어난 사건으로, 언론의 자유는 당신이 혐오하는 발언까지도 보호하는 것이라는 생각과 동의어가 되었는데, 당시 수정헌법 제1조는 신나치 무리가 그 마을에서 벌이려고 계획한 시가행진을 허용하는 근거로 사용되었다. 이 마을에는 나치로부터 피란 온 유대인이 많이 살았다(대략 주민 여섯 명 가운데 한 명이 홀로코스트 생존자거나 그 친척이었다). 신나치 무리는 다 같이 제복을 맞춰 입고 하켄크로이츠 깃발을 날리며 행진하려 했고, 이것은 나치 포로수용소에서 살해당한 친족이나 친구를 둔 사람들에게 극심한 괴로움을 불러일으킬 게 분명했다. 그래서 마을위원회는 한발 앞서 제복 차림의 행진을 금지했고, 행진 시에는 35만 달러의 배상 보증금을 지급하라고 요구했다. 다소 놀랍게도 미국시민자유연맹(ACLU)은 이 사건을 언론 자유의 논쟁적 사안으로 다루었(고 그 과정에서 많은 회원을 잃었)으며, 결과적으로 항소법원은 스코키 위원회의 조치가 수정헌법 제1조에 어긋나므로 위헌이라고 판결했다. 하지만 행진은 스코키에서 열리지 않고 시카고 인근의 공원으로 옮겨 진행되었다. 이후, 행진의 그 불쾌한 성격에도 불구하고 많은 언론 자유 활동가가 스코키를 언론 자유에의 헌신이 실제로 의미해야 하는 바, 즉 극단적 관용의 상징으로 받아들였다.

이러한 관용의 근거는 크게 두 부분으로 이루어진다. 첫째, 많은 사람이 혐오 발언과 싸우는 가장 좋은 방법은 그 이상의 발언으로 맞서는 것, 이른바 대항 발언이라고 생각한다. 다른 사람들의 극단적인 의견 표현을 막는 것은 사회에 장기적 영향을 미치며, 그들의 좌절은 더욱더 바람직하지 못한 다른 표현 방식으로 나타날 수도 있다. 존 스튜어트 밀의 전통적 관점에서 혐오 발언이 불법으로 간주되는 경계는 그것이 폭력을 선동하거나 명백히 명예훼손을 범하는 경우다. 둘째, 특정 종류의 발언에 대한 법적 금지의 위험은 그로 인해 더 많은 금지 조항이 우후죽순 생겨나면서 개인이 누리는 표현의 자유가 점점 더 크게 축소되리라는 데 있다. 혐오 발언의 불법화가 그 시발점이 될지도 모른다.

영국에서 취하는 법적 입상은 혐오 발언과 관련해, 특히 어떤 표현 때문에 다른 사람의 삶이 엉망이 될 수 있는 경우 언론의 자유를 제한하는 것은 정당하며, 다양한 사항을 고려해 용인 가능한 표현과 그렇지 않은 표현을 구분하는 일이 쉽지는 않겠지만 그 판단은 법원의 몫이라는 것이다. 이를테면 인종주의적 혐오 발언을 하는 사람들은 인종차별금지법을 적용해 기소할 수 있다. 오스트리아와 독일, 프랑스, 캐나다, 뉴질랜드를 비롯해 다른 여러 나라에도 특정한 인종 그룹을 겨냥한 혐오 표현으로부터 그들을 보호하는 법이 있다.

제니퍼 혼스비(Jennifer Hornsby)와 같은 철학자들은 스코키 사건의 판결에서 드러난 극단적인 자유주의 입장에 반기를 드는데 이것이 해당 사건과 관련된 의사소통의 본질을 오해하고 있다고 보기 때문이다. 그녀의 생각에 극단적 자유주의자들이 보호하는 것은 결국 보호가 가장 덜 필요한 사람들의 자유며, 그사이에 다른 사람들은 혐오 발언 때문에 의사소통자로서 피해를 본다. 하지만 강경한 자유주의자들이 보기에 그것은 언론의 자유를 지키는 데 따르는 큰 희생의 일부일 따름이며, 또 언론의 자유는 거시적 차원에서 검열보다 큰 보상을 가져다준다. 케넌 말리크(Kenan Malik)에 따르면,

편협한 자들을 배제한 모든 사람을 위한 언론의 자유란 결코 있을 수 없다. 자유주의 정설(liberal orthodoxy)에 반할 권리는 종교적 도그마에 맞서 신성을 모독할 권리나 반동적 전통에 도

전할 권리 못지않게 중요하다.

이어서 그가 지적하듯 편협함을 금지함으로써 그것에 맞서는 것은 관용이나 대항표현으로 대응할 때보다 나쁜 결과를 초래할 수도 있다. 말하자면 "그러한 정념이 지하에서 곪아터지도록 방치하는 것일 뿐"이다.

제 4 장

포르노그래피 검열

포르노그래피는 표현의 자유를 외치는 모든 사람에게 어려운 과제를 제시한다. 그 제작 과정에서 아무도 직접적으로 해를 입지 않는다면 어떤 형태의 포르노그래피든 용인해도 되는가? 혹은 이 문제와 관련해 자유보다 중요하게 고려해야 할 가치가 있는가?

포르노그래피가 인쇄기에 앞서 등장한 것은 분명하지만 그것이 복제되어 널리 유포되기 시작한 것은 이 기계적인 복제 수단이 발명된 이후다. 사진의 발명과 더불어, 신속히 제작할 수 있는데다 암묵적 사실성과 미립자 디테일의 짜릿함까지 전해주는 이미지를 본질적으로 복제하는 일이 가능해지면서 포르노그래피 산업은 큰 변화를 맞았고 어떤 사람들은 큰 부자가 되었다. 동화상과 비디오, 그리고 지금의 디지털이미지가 초기에는 DVD와 케이블텔레비전을 통해, 최근에 와서는 인터넷을 통해 (다운로드 또는 스트리밍 방식으로) 전 세계에 유통되면서 포르노그래피에의 접근성이 높아짐과 동시에 그 구매 및 이용과 관련한 프라이버시도 강화되었다. 디지털카메라의 등장은 또한 포르노그래피 제작을 민주화했다. 이렇듯 간편하게 고품질의 디지털이미지(정지화상이든 동화상이든)를 제작하고 인터넷에 배포할 수 있다는 것은 포르노그래피 이미지와 비디오가 그 어느 때보다도 많이 유통되어 더 많은 사람이 그것을 접할 수 있다는 의미였다.

포르노그래피란 무엇인가?

포르노그래피는 대부분 성행위를 노골적으로 재현함으로써 보는 사람을 성적으로 흥분시킬 의도로 제작되는 이미지다. 물론 모든 포르노그래피가 시각적인 것은 아니다. 음성 포르노그래피도 있는데 이것은 오늘날 팟캐스트 등의 형태로 접할 수 있다. 그리고 문자 포르노그래피의 경우, 오늘날에는 인쇄 매체보다도 웹로그나 인터넷 다운로드를 통해 쉽게 접할 수 있다. 보통 이 분야의 삭가들은 매우 노골적인 하드코어 포르노그래피와 묘사 수위에 다소 제약을 두는 소프

> **포르노그래피에 대한 한 가지 논쟁적 정의**
>
> 1983년에 캐서린 매키넌(Catherine MacKinnon)과 앤드리아 드워킨(Andrea Dworkin)은 포르노그래피를 시민권 침해로 기소할 수 있어야 한다고 주장했다. 그리고 포르노그래피를 "그림(pictures) 및/또는 말(words)을 통해 여성의 성적 예속을 노골적으로 적나라하게 묘사하는 것"이라는 비중립적 정의를 내렸다.
>
> 이어서 매키넌과 드워킨은 여성을 비인간적으로, 성적 대상으로, 상품으로, 신체 부위들로 환원된 것으로, 굴욕을 당하고 학대받거나 모멸적인 상황에 노출되는 걸 즐기는 존재로 제시하는 등 어떤 저작물을 포르노그래피적으로 만드는 조건을 열거했다. 아울러 그들은 남성과 아이, 성전환자들 역시 위의 의미에서는 포르노그래피의 희생자가 될 수 있음을 인정했다.

트코어 포르노그래피를 구분한다.

하드코어 포르노그래피는 언론일까?

만일 하드코어 포르노그래피가 어떤 중요한 의미에서도 언론이 아니라면 언론의 자유를 보장해서는 안 된다. 그렇다면 그것은 특별히 보호해야 할 가치가 있는 의사 전달과는 다른 범주에 속할 것이다. 정치적 발언이나 예술적 표현은 거짓일 때조차 사회에 보탬이 되는 사상을 전달할 수 있다. 성행위를 묘사하는 사진 이미지는 명확한 의사 전달을 전혀 하지 못한다. 그것은 주로 실제 또는 연출된 성행위를 촬영한 클로즈업 이미지들로, 영화 속의 인물들이 연기로 섹스를 하는 상황인지 아니면 진짜로 섹스를 하는 상황인지 모호하다. 하드코어 포르노그래피는 보통 정서적 내용을 담고 있지 않으며, 그것이 보여주는 대상에 관한 사상을 구현하기보다는 그 대상의 행위를 노골적으로 드러내고자 한다. 그것은 대개 성적 흥분을 돕는 보조물이다. 포르노그래피를 즐기는 사람들 대부분은 바로 이 때문에 그것을 즐긴다. 즉 그것은 보는 사람을 흥분시키는 데 특히 효과적이어서 자위를 위한 자극물로 널리 쓰인다. 이런 이유에서 하드코어 포르노그래피 영화를 보는 것은 열쇠 구멍을 통해 연출된 성행위를 하는 사람들을 훔쳐봄으로써(그들이 묵시적으로 동의한 것이기는 하지만) 오르가슴에 이를 정도로 흥분을 느끼는 것과 도덕적으로 여러 측면에서 유사하다. 열쇠 구멍을 내주고 당신을 위해 그러한 행위를 연출하는 사람은 사상을 표현하는 것이 아니라 당신이 보지 못했을 수도 있는 것을 보는 수단을 제공하는 것이다. 이것은 누군가가 당신에게 무언가를 가리켜 보이는 상황에 더 가깝다.

사진적 포르노그래피란 무엇인가에 관한 이 견해는 사진의 본성에 대한 켄들 월턴(Kendall Walton)의 설명으로부터 지지를 얻을 수 있다. 그는 사진의 사실주의는 여타 형태로 제작되는 이미지의 사실주의와는 다르다고 주장했다. 그에 따르면 사진은 우리가 그것을 통해 렌즈 앞에 있었던 것을 말 그대로 보게('보다'의 은유적 의미에서가 아니라) 해준다. 이런 관점에서, 성행위를 촬영한 사진은 우리에게 바로 그 행위를 보여준다. 이 점에 대해 월턴이 옳든 아니든(나는 그가 틀렸다고 생각하지만), 하드코어 포르노그래피와 관련된 종류의 의사 전달은 언론 자유의 원칙에 따라 보호해야 할 전형적인 언론 사례와 명백히 다르다는 주장이 제기될 수 있다.

성인은 원한다면 이런 종류의 영상을 자유롭게 접할 수 있어야 한다는 독립적 주장들이 있으며, 그런 영상을 제작하는 과정에서 아무도 해를 입지 않는다면 정부가 그것을 법률로 금지해서는 안 된다는 견해도 있다. 이런 말들은 비폭력적 포르노그래피에 대해서는 확실히 참이다. 수많은 사람이 그로부터 많은 즐거움을 얻으며, 어떤 사람들에게는 그것이 성적 만족의 주된 원천이 되기도 한다. 하지만 이런 관점의 주장들은 **언론의 자유**와 무관하다. 만일 포르노그래피가 어떤 의미에서도 언론 또는 의사 전달이 아니라면 포르노그래피를 별개의 도덕적 문제로 다루어야 한다는 말이다. 이것은 프레더릭 샤워(Frederick Schauer)의 입장이다. 그는 이러한 결론을 도출하기 위해 조금 색다른 논변을 제시했다. 요컨대 하드코어 영화는 바이브레이터와 같은 것일 수 있다. 그러니까 "기껏해야 하드코어 포르노그래피는 섹스 보조물 그 이상도 그 이하도 아니"라는 것이다. 샤워가 보기에 하드코어 포르노그래피의 이용은 실제로 성행위를 하는 것과 다르지 않다. 비록 촉각이 아닌 시각 자료를 수단으로 흥분 상태에 이르기는 하지만 이것은 상관없다. 섹스 보조물도 포르노그래피도 모두 언어나 그림이 통상 하는 방식으로 의사를 전달하지 않는다. 하드코어 포르노그래피는 섹스 대용물이자 일종의 성적 자극제다. 만일 샤워가 이 점에 대해 옳다면 하드코어 포르노그래피는 언론의 자유와 거의 관련이 없다.

수년간 포르노그래피 반대 캠페인을 벌여온 캐서린 매키넌 역시 포르노그래피를 언론 자유의 원칙으로 보호해야 한다는 생각을 거부한다. 앤드리아 드워킨과 함께 그녀는 미국 인디애나폴리스에서 잠시 채택되었던 한 조례(條例)의 작성을 주도했는데 거기에는 포르노그래피의 제작과 발표, 판매를 불법화하는 규정이 담겼다(나중에 이 조례는 수정헌법 제1조에 따라 위헌으로 판결이 난다). 매키넌은 자신의 책 『포르노에 도전한다 Only Words』에서 하드코어 포르노그래피는 여성 종속의 행위지 단순 표현이 아니며, 따라서 언론의 자유에 관한 논의에서 완전히 배제해야 한다고 말한다. 포르노그래피가 언론이라는 것은 그녀가 보기에 '거짓말'이다. 만일 포르노그

8. 캐서린 매키넌

래피에 대해 적확한 정의가 내려진다면 정치적, 교육적, 예술적, 문학적 표현의 영역에서 언론의 자유를 보장받을 가치가 있는 의사 전달과 그것을 명확히 구별할 수 있다고 그녀는 주장한다. 그녀의 의견으로는, 포르노그래피를 언론 자유의 쟁점으로 간주해도 되는가 아닌가 하는 논쟁에 관여하는 것조차 해를 끼칠 수 있는 일이다.

이러한 성폭력과 성차별의 관행이, 이 인신매매의 매체가 하나의 의견이나 논고라는 주장을 반박하면서까지 진지하게 받아들이는 것은 그 입장의 합법적이고 지적인 기만에 어느 정도 협력하는 것이다. 다시 말해 그 입장을 그것이 가장하고 있는 것으로, 즉 선의의 토론을 벌이는 어느 한쪽으로서 다루는 것이지, 성착취를 정당화하는 연막으로서 있는 그대로 다루는 것이 아니다.

그러나 이러한 견해와 달리 포르노그래피 이미지나 영화도 드물기는 하지만 사상을 전달하는 데 직접적으로든 간접적으로든 **사용될 수** 있다. 물론 포르노그래피가 사상을 표현한다고 해서 그것이 꼭 심오한 사상은 아닐 것이며, 그 가운데 일부는 많은 사람에게 불편한 감정을 불러일으킬 것이다. 그것은 성해방에 관한 사상이거나 남성과 여성의 역할에 관한 전복적 사상, 나아가 검열의 제약에 관한 도발적 사상일 수 있다. 때로는 하드코어 포르노그래피를 포함해 여타 포르노그래피가, 사상의 시장에 입장하는 것을 허용해야 하는 사상을 표현할 수도 있다. 더욱이 자유주의 신조에 의하면, 만일 당신이 언론의 자유와 다양성의 관용을 중시한다면 단지 악의적이고 불쾌하고 하찮게 여겨진다고 해서, 혹은 동의하지 않는다고 해서, 도덕적으로 반감을 불러일으킨다고 해서 자의로 어떤 견해를 검열해서는 안 된다. 이것은 그 견해가 논쟁에 이바지할 기회도 주지 않고 그것을 속단하는 것이리라. 국가는 경합하는 사상들 사이에서 중립을 지켜야 하는데, 그렇지 않고 사상의 시장에 무엇을 들어오게 할지를 검열로 제재한다면 결국 그 피해는 모든 사람에게 돌아간다. 국가는 어떤 표현이 다른 사람에게 실제로 해를 끼치는지, 혹은 그리하도록 부추기는지만 신경을 쓰면 된다.

포르노그래피에 대한 페미니즘 옹호론

포르노그래피를 지지하는 페미니스트 웬디 매켈로이(Wendy McElroy)는 포르노그래피에 대한 관용을 주장하는 데서 더 나아갔다. 그녀는 포르노그래피 산업에 대한 광범한 조사와 자기 경험을 바탕으로 포르노그래피의 존재는 모든 사항을 고려할 때 여성에게 유익하다고 주장한다. 그녀는 자신의 책 『XXX: 포르노그래피에 대한 여성의 권리 XXX: A Woman's Right to Pornography』(1995)에서 개인의 선택에 큰 비중을 두는 개인주의 페미니즘 찬성론을 펼친다. 매켈로이는 여성(과 남성)이 포르노그래피에 대한 접근을 거부당해서는 안 되며, 그것을 이용할지 말지는 그들 스스로 자유롭게 판단해야 한다고 생각한다. 그녀가 보기에 포르노그래피는 적어도 세 가지 점에서 여성에게 유익하다. 첫째, 포르노그래피는 성적 가능성을 폭넓게 조망할 수 있게 해준다. 둘째, 포르노그래피는 성적 대안을 상상으로 안전히 탐색하고 경험할 수 있게 해준다. 셋째, 포르노그래피는 교과서에 나오지 않는 성적 소통에 관한 다양한 정보를 제공하며, 따라서 그것을 보는 사람이 어떤 공상의 시나리오에 대한 자기 자신의 감정 반응을 탐색할 수 있게 해준다. 만일 그녀의 말이 옳다면 하드코어 포르노그래피는 그것을 보는 사람이 자기 자신에 관해 배울 수 있게 해주므로 섹스 보조물 따위에 불과한 게 아니라 인식적으로 중요한 것일 수 있으며, 따라서 언론 자유의 원칙이 일반적으로 적용되는 영역을 결코 벗어나지 않는다. 전반적으로 그녀는 하드코어 포르노그래피에 대한 억압이 매키넌과 같은 작가들의 주장처럼 여성의 선택권을 확대하기보다는 오히려 제한할 것이라고 본다.

이러한 견해는 포르노그래피를 지금보다 한층 엄격히 검열해야 한다거나 모조리 금지해야 한다고 생각하는 매키넌과 같은 페미니스트들의 견해와 정면으로 대립한다. 이것은 주로 포르노그래피의 이용 가능성으로부터 발생할 수 있는 물리적, 심리적, 사회적 해악 때문이다.

출연자에게 끼치는 물리적·심리적 해악

포르노그래피는 여러 방식으로 사람들에게 해를 입힐 수 있다. 우선 포르노그래피를 제작하는 과정에서 배우가 해를 입을 수 있다. 가장 직접적인 경우는 배우가 상해를 입거나 강간을 당하거나, 그렇지 않으면 그들의 의지에 반하는 행위를 강요받을 때인데, 이 가운데 일부는 심각한 심리적 피해뿐 아니라 성병과 같은 신체적 피해로 이어지기도 한다. 다른 성매매노동자와 마찬가지로 포르노그래피 배우도 신체적 학대에 특히 취약하며, 그들 일의 특성상 피해를 호소해도 경찰에게 진지하게 받아들여지기 어렵다고 생각할 수도 있다. 린다 러브레이스(Linda Lovelace)는 자서전 『시련Ordeal』에서 역대 가장 유명한 포르노 영화이자 주요 극장들에 배급되어 대중적 성공까지 거둔 〈목구멍 깊숙이Deep Throat〉를 제작하는 동안 남편에게 구타당하고 총으로 위협받으며 강제로 촬영에 참여했던 일을 서술했다. 이것은 해악의 사례가 명백하며 강압 및 강간 금지법을 적용받는다. 언론 자유의 원칙은 실제의 해악과 강압을 지지하는 데 쓰일 수 없다. 궁지에 몰린 사람들에게는 포르노그래피에 출연하는 것이 최후의 수단일 수 있으므로 상황은 훨씬 복잡하며, 일부 출연자는 특히 취약해서 아무리 모멸적이고 고통스러운 요구라도 끝내 거절하지 못한다. 캐서린 매키넌은 포르노그래피가 "어린 시절에 성학대를 당하고 집도 없이 궁핍하게 떠돌다 자포자기의 심정으로 매춘에 발을 들인 여성들에 의해 압도적으로" 많이 제작된다고 주장했다.

하드코어 포르노그래피는 직접적인 신체 상해와 강압을 수반할 때가 많으므로 불법화해야 한다는 주장은 어느 정도 경험적인 것이다. 이것은 포르노그래피 산업과 관련된 알아내기도 힘들고, 어쩌면 그 산업 일부 영역에만 해당하는 이야기일지도 모르는 주장 사실들(alleged facts)에 근거한다. 심리적 해악에 관한 주장은 평가하기 힘들다. 밀의 고전적 자유주의 입장은 심리적 해악을 진정한 해악으로 인정하지 않는다. 하지만 150년이 지난 지금, 우리는 심리적 학대가 개인에게 끼칠 수 있는 심각한 해악에 더욱 민감해졌다. 심리적 해악을 언론 자유의 제한 근거로서 전혀 고려하지 않는 것은 터무니없는 일이리라. 하지만 또다시 우리는 그 한계선을 어디에 그어야 할지를 판단하는 데 난항을 겪는다. 심리적 해악이 언론 자유의 권리를 능가할 만큼 극심할 때는 언제인가? 그러한 선을 긋기가 어렵다는 점을 인정한다고 해서 이것이 불가능한 일이라는 말은 아니다. 원론적으로는 명확한 지침을 제시하고 여기에 적용할 수 있다.

출연자에게 끼치는 해악(신체적인 것이든 심리적인 것이든, 둘 다든 간에)의 문제는 대개 일부 포르노그래피의 불법화를 옹호하는 데 쓰이는 일단의 논거 중 하나일 뿐이다. 이 가운데 가장 중요한 것 하나는 포르노그래피 시청이 사람들로 하여금 그것을 보지 않았더라면 저지르지 않았을 성범죄를 저지르게 할 수 있다는 것이다.

포르노그래피와 강간

일부 강간범과 가학성애자는 하드코어 포르노그래피의 적극 사용자며, 특정한 경우에는 그것이 그들의 판타지를 자극해 행동을 유도하는 것이 틀림없다. 하지만 포르노그래피 이용과 성범죄를 저지를 가능성 사이의 인과관계에 대한 결정적 증거를 제시하기란 대단히 어렵다. 만약 포르노그래피 시청과 다른 사람에게 해를 끼치는 일 사이의 직접적 인과관계를 입증할 수 있다면, 반증이 나오지 않는 한 이것이 검열의 명백한 근거가 될 테지만 이 분야에서의 과학적 연구 결과는 결정적이지 못하다. 난점은 포르노그래피가 성범죄를 일으키는 주요 원인이거나 주된 기여 요소며, 이것이 단순한 상관관계가 아님을 증명하는 데 있다.

상관관계와 원인을 혼동해서는 안 된다. 포르노그래피는 일반 대중에게 매우 널리 이용되지만 그들 대부분은 단 한 번도 성범죄를 저지른 적이 없다.

캐서린 매키넌은 포르노그래피가 강간을 부추기는 가설적 메커니즘을 제시하는데, 요는 폭력적 포르노그래피 이용자가 일종의 보상 훈련을 통해 성적으로 길든다는 것이다. 그들은 특정한 폭력적 성행위가 나오는 영화를 보는 데서 시각적 자극을 받으며 그에 뒤따르는 성적 흥분으로 보상을 받는다. 폭력적 성행위가 나오는 비디오를 보는 것은 마치 현실에서 그 행위를 불특정 희생자에게 행하기 위한 훈련과 같다. 매키넌에 따르면,

> 머지않아 소비자들은 어떻게든 포르노그래피를 세상으로 나가 실행하고 싶어한다. 조만간 기어코 그리하고야 만다. **그것은** 그들로 하여금 행동하고 싶게 만들며, **그들은** 자신이 할 수 있다고 믿고 처벌을 모면할 수 있다고 느낄 때 행동에 나선다.

이것은 수사적 과장이기는 하나 그녀가 설명하는 메커니즘이 일부 범죄자에게는 중대 요인이 되는 것으로 밝혀질 수도 있다. 하지만 그것은 하나의 일반적 진술로서는 명백히 거짓이다. 포르노그래피의 일반 이용자 다수는 결코 포르노그래피를 넘어서지도, 그들의 실제 성생활에서 부도덕하게 행동하지도 않을 것이다. 매우 높은 비율의 인구가 살면서 한 번쯤은 포르노그래피를 접한다. 이 사람들이 모두 매키넌이 설명하는 그런 극단적 방식으로 행동하게끔 길들여지리라는 것은 도무지 믿기 힘들다.

검열의 문제는 포르노그래피와 해악의 실제 연관성을 찾는 경험적 연구에 좌우된다는 주장은 「외설과 영화 검열에 관한 윌리엄스 보고서The Williams Report on Obscenity and Film Censorship」(1979)에서 아주 분명하게 제기되었는데 이것은 철학자 버나드 윌리엄스(Bernard Williams)가 위원장을 맡았던 한 단체에서 공개한 연구 결과다.

표현의 자유에 대한 믿음이 아무리 강하더라도 그것은 어디까지나 믿음일 뿐이며, 문제가 되는 발언이나 출판이 초래할 수 있는 해악을 고려할 때 기각될 수 있다.

경험적 증거에 대한 판정을 내리기에는 아직 이르지만 포르노그래피 검열을 지지하는 이 주장은 결정적이지 못하다. 그럼에도 폭력적 포르노그래피와 실제 폭력 사이에는 어떤 연관성이 있을 가능성이 농후하므로 포르노그래피 속의 폭력에 대한 규제를 제안하는 것은 현명한 생각인 듯하다.

사회적 해악

포르노그래피에 반대하는 페미니즘 주장은 남성 소비자를 겨냥한 이성애 포르노그래피에 주로 초점을 맞춘다. 보통 이것은 잡지 사진이나 영화의 형태를 취하는데, 영화의 경우는 극장에서, 또는 비디오나 DVD로, 인터넷을 통한 다운로드나 스트리밍 방식으로 접할 수 있다. 남성이 제작했든 여성이 제작했든, 남성을 위한 것이든 여성을 위한 것이든 간에 동성애나 양성애 포르노그래피는 거의 언급되지 않는다.

이성애 포르노그래피는 여성의 성적 이용 가능성에 관한 불쾌한 메시지를 전달하고, 일설에 의하면 여성의 대상화를 정당화하는 경우가 많은데 바로 이것이 그토록 많은 페미니스트가 그것을 반대하는 한 가지 이유다. 또 그것은 특정 체형의 여성, 예컨대 가슴 확대 수술을 받은 여성을 보여주면서 남성 소비자들에게 현실 속의 여성에 대한 그릇된 기대감을 심어주기도 한다. 그리고 그 자체로 모든 여성에게 모멸감을 주는 포르노그래피도 있는데, 이를테면 여성이 굴욕이나 성폭행을 당하는 모습을 보여주는, 이때 특히 그들이 그것을 즐기는 것처럼 묘사하는 포르노그래피가 그렇다. 여기에는 성적 굴욕을 즐기는 영화 속의 한 여성이 모든 여성의 태도를 표상하는 것으로 읽히게 하는 일반화 효과가 있는 것으로 보인다. 영화 속의 여성은 일종의 제유법에 의해 모든 여성을 대변한다. 그 결과, 여성이 무엇을 원하는지에 대한 왜곡된 인식이(극단적인 예로 모든 여성은 거칠게 다루어지고 상처를 입는 데서 성적 즐거움을 얻는다는, 즉 여성은 모두 강간을 당하거나 성노예로 취급받는 것을 즐긴다는 메시지가) 만연하게 될 텐데 이것은 현실 속의 여성에게 위험천만한 결과를 초래할 수 있다.

그러나 로널드 드워킨과 같은 자유주의자들은 그 제작 과정에서 사람들이 직접적으로 해를 입지 않는 한, 가령 아이들이 연루되어 있다든가 성인이 자유로운 선택을 하지 못하고 강압을 받는 경우가 아니라면 대부분의 포르노그래피는 검열되어서는 안 된다고 주장하며 이렇게 말한다. "소극적 자유의 본질은 불쾌감을 줄 수 있는 자유며, 이것은 고결한 〔표현〕뿐 아니라 저열한 〔표현〕에도 적용된다."

전형적 자유주의 입장은 다음과 같다. 사람들의 이익을 위한다는 명목으로 바로 그들을 보호하는 온정적 간섭주의는 미성년자에게 꼭 알맞으며, 이것은 아이들이 있는 곳에서는 절대로 포르노그래피를 노출하지 말아야 한다는 주장을 수반할 수도 있다. 하지만 포르노그래피를 시청하거나 제작하기를 원하는 성년자는 다른 사람에게 해를 끼치지 않는 한도 내에서 자유롭게 그리할 수 있어야 한다. 사람들은 제가끔 자기 인생에서 좋은 결정을 내리기도 하고 나쁜 결정을 내리기도 하나, 그렇다고 해서 국가가 나서서 사람들이 포르노그래피를 이용해 성적인 자극이나 만족을 구할지 말지를 대신 결정해서는 안 된다는 것이 자유주의자 다수의 생각이다. 그들이 타인에게 직접적으로 해를 입히는 결과를 초래하지 않는다면 국가는 다양한 삶의 방식 가운데서 가급적 중립적이어야 한다. 드워킨에 따르면,

> 비록 그 대부분이 경멸하기는 해도 자유주의자들은 포르노그래피를 옹호하는데, 이것은 정치적 환경과 더불어 도덕적 환경이 조성되는 과정에서의 평등 수호가 적어도 수정헌법 제1조의 목적 가운데 하나라는 그들의 소신을 지키기 위해서다.

게다가 언론 자유의 영역에서 검열을 위한 특별 사례를 만드는 것은 위험하다는 우려도 있다. 즉 원래 의도한 또는 정당화한 것보다 한층 광범하게 검열을 합법화하는 것은 미끄

러운 비탈을 내려가는 첫걸음이 될 수 있다. 언론의 자유에 대한 모든 제약은, 암만 그것이 많은 사람에게 혐오감을 주는 발언을 막기 위한 것이라고 해도 민주주의와 개인의 자기표현을 둘 다 즉각 위태롭게 할 위험 부담이 있다.

설령 포르노그래피가 사회에, 특히 여성에게 가져다주는 유익보다 큰 비용을 발생시킨다고 해도, 그러므로 그것을 검열해야 한다는 필연적 결론이 도출되지는 않는다. 티끌을 콕 집어서 긁어내기란 섬별자에게 무척 어려운 일이다. 하찮기 그지없고 무의미한 종류의 포르노그래피에 대한 접근을 막는 과정에서 검열자가 되레 문화적으로 귀중한 자료까지 싹둑 잘라내고 덜어낼 위험도 실제로 있다. 그 대가는 클 것이다. 더 안전한 방책은 혹여나 후세대가 중요하게 여길지도 모를 작품을 경솔히 파괴해버리기보다는 위험을 감수하고서라도 유해한 포르노그래피를 어느 정도 용인하는 것일 수도 있다.

포르노그래피에 대한 법적 도덕주의자의 접근법

매키넌이 공격한 자유주의 접근법은 데블린 경(Patrick Arthur Devlin)과 같은 법적 도덕주의자들의 접근법과 대조를 이룬다. 그들은 법으로 사회적 가치를 보전해야 한다고 생각하는데, 도덕적으로 타락했거나 전통적인 가족 질서 및 가치를 훼손하는 것으로 여겨지면 모두 법으로 금지해야 한다고까지 말할 정도다. 이것은 전 인류가 어떻게 살아야 하는가에 관한 종교적 믿음이라든가 보수적인 세속적 믿음에 기인한 것일 수도 있다.

포르노그래피의 존재와 그 이용 가능성은 많은 사람에게 격분과 혐오를 유발한다. 그것은 도덕적으로 부적절하며, 그것의 제작과 소비를 불법화한다면 세상은 한결 더 나은 곳이 되리라고 그들은 말한다. 사회의 도덕 체계는 포르노그래피의 이용 가능성으로 인해 손상된다. 따라서 이런 관점에서 국가의 간섭은 정당하다. 실로 국가는 그럴 의무가 있다. 도덕적 법치주의자들은 문화 존속과 도덕 풍조, 생활양식을 책임지는 것 또한 국가의 역할이라고 생각한다. 개인의 자유는 가령 대부분의 기독교도와 호교론자가 옹호하고 설파하는(그렇다고 늘 실천하는 것은 아니지만) 전통적 가족관에 우선할 수 없다. 이러한 포르노그래피 반대자들에게는 언론 자유의 원칙에 토대한 어떠한 변론도 받아들여지지 않을 것이다. 또 다른 가치가 그보다 높은 위상을 갖기 때문이다.

포르노그래피를 검열하는 것은 잠재적 소비자와 사회 전반을 위해서라는 식의 접근은 성인에 대한 일종의 온정적 간섭주의다. 이것을 지지하는 사람들은 법이 행동을 인도하는 상황을 반길 것이다. 그들은 도덕적 해악을 진정한 해악으로 여겨 그것이 발생하는 것을 막고 싶어한다. 반면에 그 비판자들은 좋은 삶에 관한 경쟁하는 견해들을 정부가 평가하는 것은 매우 부적절하다고 주장한다. 이런 관점에서 정부는 시민들에게 한 가지의 도덕만 강요하지 말고 다원주의를 용인해야 한다.

전통적 가족관을 옹호하고 그것을 근거로 포르노그래피에 반대하는 사람들은 동시내의 페미니스트 일부와 동맹을 맺고 있다. 이것은 두 집단이 가족의 본질과 관련해 어떤 근본 가치를 두루 공유하기 때문이 아니라(오히려 그 반대다) 도덕주의자와 마찬가지로 포르노그래피가 근절되는 상황을 반길 페미니스트가 많아서인데, 이들의 경우는 그것이 여성에게 (직접적, 간접적, 신체적, 심리적인) 해악을 끼칠 수 있다고 생각한다.

이것은 포르노그래피에의 접근을 더 엄격히 통제하거나 완전히 금지하면 무슨 일이 일어날지에 대한 예상을 수반하는, 즉 그리하면 더 큰 성평등이 성취되리라고 보는 경험적 가설이다. 체계적 성차별의 역사적 맥락과 거의 은폐되어 있던 여성에 대한 남성의 성학대 역사를 감안하면 이것이 불균형을 바로잡는 하나의 방법이 될지도 모르지만, 그것은 포르노그래피 금지 효과에 대한 가설의 정확성에 의존하는 논증이다.

여기에는 포르노그래피의 제작과 이용을 용인하는 언론의 자유와, 하드코어 포르노그래피의 불법화를 필요로 하는 듯한 성평등에의 책무 사이의 긴장이 존재한다고 여겨진다.

자유와 평등이라는 목표를 늘 함께 달성할 수는 없다. 두 가치에 각기 얼마만큼 비중을 두어야 하느냐는 어려운 문제다.

이것은 언론의 자유를 논할 때마다 되풀이되는 쟁점이다. 화자나 청자가 자신이 하고 싶은 말을 하거나 듣고 싶은 말을 들을 자유는 어떤 말을 듣고 싶어하지 않는, 즉 그 메시지에 불쾌감이나 역겨움, 노여움, 폭력성, 모멸감을 느끼는 사람들의 유익과 균형을 이루어야 한다.

언론 자유의 원칙을 옹호하는 사람들은 보통 언론의 자유에 대한 확신이 있어야 하고 그에 대한 모든 제한은 직감적인 혐오 반응 그 이상의 것에 근거해야 한다고 생각한다. 그러한 제한은 논증되고 증거로 뒷받침되어야 하며, 검열을 더 강화하고 나아가 불가피하게 만드는 미끄러운 비탈을 내려가는 발걸음이 되어서는 절대로 안 된다. 그럼에도 언론의 자유를 옹호하는 사람들 대다수는 어딘가에 선을 긋고 싶어한다. 이러한 선 긋기는 면밀히 따져보면 일관성을 유지하기 어려운 것으로 드러나는데 우리 대부분이 기존의 아주 강력한 직관에 저항해야 하기 때문이다.

여기서 자유주의자 대부분은 아동의 성행위를 묘사하는 포르노그래피의 검열에 대해서는 일관성이 없다는 지적을 피하기 힘들다. 아동 포르노그래피 제작 과정에서는 아동학대나 강간이 이루어진다고 보는 것이 일반적이므로, 왜 그것을 금지해야 하는지에 대한 해악 기반의 명확한 자유주의 논거가 있다. 하지만 컴퓨터로 생성한 아동의 이미지로 아동 포르노그래피를 제작하는 경우는 문제가 더 복잡하다. 이것은 본질적으로 일종의 콜라주며, 이실제로는 무해한 가족 스냅사진으로부터 생성될 수도 있다. 이런 영상을 허용하고 싶은 사람은 거의 없을 테지만, 결과주의자는 그런 영상을 제작하고 자유롭게 유포하는 것을 허용할 때 발생할 수 있는 해악에 대한 경험적 증거 기반의 추론을 요구한다. 아동 포르노그래피의 제작, 소비와 아이들이 실제로 해를 입을 수 있는 위험 사이에는 밀접한 관련이 있음이 분명해 보인다. 하지만 특정한 종류의 성인 포르노그래피의 제작, 소비와 실제로 여성이 해를 입을 수 있는 위험 사이에도 긴밀한 관련이 있다고 생각하는 사람이 많다. 여기서 가장 강경한 자유주의 입장은 컴퓨터로 생성한 그런 영상이 역겹기는 하지만, 그것과 아이들이 실제로 입는 해악 사이의 연관성에 대한 경험적 증거가 나타나지 않는다면 그것을 허용해야 한다고 주장하는 것이리라. 하지만 여기서 언론 자유의 유익이 그 대가보다 클 가능성은 아주 낮아 보인다. 우리 대부분은 저런 영상이 소아성애 판타지를, 궁극적으로는 아이들에게 실제로 해악을 끼칠 법한 자들의 욕망을 부채질할 수 있다는 점에서 그것을 법으로 금지하는 편이 더 낫다고 생각할 것이다.

예술과 포르노그래피

로버트 메이플소프(Robert Mapplethorpe)의 노골적인 성애 사진이나 채프먼 형제(Jake and Dinos Chapman)의 조각, 블라디미르 나보코프(Vladimir Nabokov)의 『롤리타*Lolita*』를 검열에서 제외해야 할 타당한 이유가 있을까? 만일 예술가나 저명 작가의 작품이 아니었다면 검열의 희생물이 되었을지도 모른다. 예술을 검열에서 면제해야 하는 특별한 경우가 있을까? 한 가지 대답은, 인간의 조건을 탐구하고자 하는 예술가들의 진지함과 저러한 작품들에 대한 경험을 복잡화하는 사건 해석의 문학적 또는 예술적 특질 때문에 그들은 검열에서 면제해야 한다는 것이다. 우리가 문화에서 예술가의 역할을 으레 중시하는 것은 바로 예술을 통해 문화가 전승되고 고찰되기 때문이다.

아마도 예술 옹호론이 사용된 가장 중요한 사례는 영국의 '채털리 부인' 재판일 것이다. 1960년에 열린 이 재판은 데이비드 로런스(David H. Lawrence)의 한 소설을 영국에서 출판해도 되는지, 혹은 음란출판물법에 따라 계속 금지해야 하는지를 결정하기 위한 것이었다. 에드워드 모건 포스터(Edward M. Forster)와 레이먼드 윌리엄스(Raymond Williams), 리처드 호가트(Richard Hoggart)를 비롯해 50여 명의 감정인이 그 책의 문학적 가치를 증언하기 위해 법정에 섰다. 일반적 합의로는 『채털리 부인의 연인 Lady Chatterley's Lover』(1928년 이탈리아에서 처음 출판되었다—옮긴이)이 로런스의 최고 작품과는 거리가 멀다는 판단이었지만, 증인들은 자신이 특정한 책 한 권을 옹호하고 있는 것 못지않게 작가가 그의 인생관을 자유롭게 표현할 수 있는 권리도 옹호하고 있음을 의식하면서 저 소설의 문학적 가치를 훌륭히 입증했다. '씹(fuck)'이라는 단어를 반복해서 쓰며 간음의 과정을 세밀히 묘사하는 이 책은 뭇 독자에게 불쾌감을 줄 것이 분명했다. 하지만 외설성의 판단 기준은 그것이 독자들을 부패시키고 타락시킬 수 있느냐는 데 있었다. 결국 판사는 그 책을 출판해도 좋다고 판결했다(주임 검사는 평결에 앞서 배심원단에게 이 책을 여러분의 하인들이 읽어도 괜찮겠느냐고 물었다).

1990년에 사진작가 로버트 메이플소프의 전시회 〈완벽한 순간 The Perfect Moment〉이 신시내티 현대미술관에서 열렸다. 전시회에는 노골적인 동성애 사도마조히즘과 남성 간 구강

성교의 이미지들을 비롯해 〈로지Rosie〉(1976)라는 사진도 있었는데, 치마를 입은 네 살 어아가 정원 벤치에 앉아 생식기를 훤히 드러내고 있는 모습을 찍은 것이었다. 미술관장 데니스 배리(Dennis Barrie)는 외설 및 미성년자 음란물 악용의 혐의로 기소되었다. 이후 런던의 헤이워드갤러리로 전시장을 옮기고 나서는 그 사진을 볼 수 없었다. 이 사건도 '채털리 부인' 재판에서처럼 예술적 가치에 관한 문제가 쟁점이 되었다. 결국 데니스 배리는 메이플소프의 작품이 에로틱한 예술성을 보여준다는 근거로 무죄판결을 받았다.

메이플소프의 사진은 모델이 노골적인 하드코어 사도마조히즘 행위를 할 때조차 아름다워 보이고 매우 형식적인 경우가 많다. 또 그의 작품은 그가 동성애자라는 사실이 널리 알려져 있었기 때문에 그 정당성을 주장하기 비교적 수월했는지도 모른다. 한 인터뷰에서 그는 자신이 어떻게 외설성을 이용하고자 했으며, 동시에 어떻게 그것을 극복하고자 했는지 이야기했다.

> 내 사진은 포르노그래피가 될 수도 있지만 그 결함을 만회할 만한 사회적 가치를 지닐 수도 있습니다. 둘 다 가능한 일이며 이것이 내가 이 작업을 하는 이유의 전부입니다. 포르노그래피의 요소를 모두 반영하면서도 조명의 설계(structure of

lighting)를 통해 바로 그것을 넘어서는 것 말입니다.

그러나 '채털리 부인' 재판과 메이플소프 재판에서 공통으로 제기된 근본적 질문은 예술적 가치에 대한 판단이 책이나 이미지, 영화, 퍼포먼스를 검열해야 하는지 아닌지를 결정하는 요소가 될 수 있느냐는 것이다.

가장 자유주의적인(libertarian) 접근법은 모든 예술 검열을 잘못이라고 주장하는 것이다. 이런 관점에서 예술가는 자신이 원하는 대로 무엇이든 자유롭게 도전할 수 있어야 하며, 예술성이 있건 없건 스스로가 옳다고 생각하는 방식으로 자기를 표현할 수 있어야 한다. 이런 입장은 하나의 구호로서는 주장하기 쉬우나 정당화하기는 어렵다. 아동을 성애화한 이미지와 관련해서는 더더욱 그렇다. 아이들이 그런 이미지의 제작 과정에서 해를 입는 경우에는 이를 언론 자유의 문제와 관련지어서는 안 된다. 하지만 메이플소프의 사례에서처럼 아이들이 신체적 해를 입지 않는 경우라고 해도 대다수 사람(나도 그중 하나다)은 예술의 자유 때문에 소아성애자의 삐뚤어진 상상력을 자극할 위험을 감수하는 것은 너무나 큰 대가를 치르는 일이라고 느낄 것이다. 그러나 이들에게는 무척 거북해 보일 수 있는 그런 이미지가 다른 사람들에게는 허용되어야 할 것으로 보일 수도 있다. 자기가 좋아하는 예술을 용인하기는 쉬운 법이다. 당신이 언론의 자유에 진심인지 아닌지는, 당신의 비위를 상하게 하는 몹시 불쾌한 예술도 당신이 기꺼이 받아들일 준비가 되었는지를 보면 안다. 물론 그것을 용인한다고 해도 얼마든지 반대 의견을 표현할 수 있다. 검열을 하려고 드는 것만 아니라면 말이다.

미술사가 앨리스 마혼(Alyce Mahon)은 그녀의 책 『에로티시즘과 예술 Eroticism and Art』에서 메이플소프의 사례를 다루면서 그 사진을 보고 경악한 사람들이 다음과 같은 사실에도 불구하고 충격에서 헤어나지 못했다는 데 놀란 것 같다.

> 전시회가 열렸을 당시 23세의 성인 여성이었던 모델 로지는 그 초상 사진을 전혀 문제삼지 않았고, 그녀가 런던 노팅힐에서 운영하던 식당에 흔쾌히 전시까지 했다…….

그러나 그 모델이 사후 동의를 했다는 사실은 여기서 중요하지 않다. 실은, 복제되어 널리 유포된 이 사진을 로지가 성인으로서 몹시 수치스럽게 여긴다고 가정해보자. 사진이 제작될 당시 그녀는 촬영에 사전동의할 수 있을 만한 연령이 아니었다. 비록 촬영 과정에서 신체적 해를 입지는 않았더라도, 그후 사진의 공개 전시로 그녀가 극심한 트라우마를 겪었다면 이것은 심리적 해를 입은 것에 해당한다. 메이플소프는 나중에 그녀가 그 사진 때문에 충격을 받기보다는 오히려 자랑스러워하리라는 것을 알 수 없었다. 이러한 상황에서 제작된 사진은 모델과의 촬영 합의 가능성이 희박했으므로, 본인의 동의하에 촬영된 성인의 사진과는 매우 다르다.

아름답게 촬영해 세련되게 인화한 것이라고는 해도 네 살 여아의 생식기를 노출하는 사진은 소아성애자를 쉽게 자극할 수 있으며, 또 그것의 공개 전시는 네 살 여아의 치마 속을 들여다보는 성적 시선이 사회적으로 용인 가능한 것이라는 생각을 암암리에 퍼뜨릴 수 있다. 이런 이유에서 필자라면 그 사진의 전시를 용납하지 않았을 것이다. 노골적인 성행위 사진들이 포함된 전시의 맥락을 고려할 때, 〈로지〉 이미지에는 성애의 암시가 없다는 주장은 솔직하지 못한 것일 수 있다. 갖가지 성행위 장면을 담은 사진들과의 병치는 성적 해석을 낳을 수밖에 없다. 그러한 이미지를 제작해 전시하는 예술가의 동기에 의문을 제기하는 것은 합리적이며, 그것을 전시함으로써 발생할 수 있는 결과를 심려하는 것 또한 당연하다. 필자가 보기에 이와 같은 사진들은 위험성이 너무나도 커서 선의의 해석을 하기가 힘들다. 마치 예술적 관심사는 늘 도덕적 관심사에 우선한다는 듯, 이 사진의 예술적 표현과 가치가 그것을 여타 고려 사항에서 면제해줄 수 있다는 견해에는 실로 꺼림칙한 구석이 있다.

언론의 자유를 옹호하는 자유주의자 상당수는, (해악을 부추기지 않는 선에서) 표현되는 사상에 대해서는 중립을 지키며 표현 자체를 보호하는 데 치중하는 형식적 원칙을 내세운다. 하지만 앞서 살펴본 사례들에서는 작품의 예술적 가치가 유의미하게 고려되었다. 로런스의 책이나 메이플소프의 사진이 예술적 가치를 완전히 결여한 것으로 법정에서 입증되었다면 그것들은 금지되었을 가능성이 매우 크다. 그런데 왜 예술적 가치가 중요한가?

예술작품은 그것이 서술하거나 묘사하는 모든 것에 관한 사상을 표현하고 구현하기 때문이라는 것이 한 가지 대답이다. 이런 관점에서 외설 작품의 목적은 렌즈 앞에 있는 것을 그저 투명하게 보여주는 것이다. 포르노그래피는 일종의 관음증이다. 이와 달리 외형상 포르노그래피를 닮은 예술은 언제나 해석과 그 주제에의 상상적 참여를 동반한다. 수전 손택이 주장했듯, 예컨대 소아성애자나 가학성애자를 그리는 소설에서처럼 "포르노그래피적 상상"을 묘사한다.

『채털리 부인의 연인』은 단순히 독자를 흥분시키기 위해 쓰인 것이 아니며, 메이플소프의 사진은 단순히 포르노그래피로서 제작된 것이 아니라 형식적으로 아름다워 보이도록, 고전 예술의 특질을 일부 공유하는 것으로 보이도록 의도되었다. 이런 종류의 주장에 의하면 저 작품들이 포르노그래피를 넘어서서 그와 다르게 다루어질 수 있는 것은 그것들이 독자나 관람객에게 제공하는 반성적 이해의 가능성, 또는 어떤 특성 제시의 가능성 때문이다. 반면 소아성애자가 찍은 네 살 여아의 사진은 분명 일종의 학대로 볼 수 있다. 이 주장을 따르면 메이플소프는 소아성애자와 다르게 다루어져야 하는데 그의 예술성이 그로 하여금 성적 자극에 초점을 맞춘 이미지가 아닌, 천진함과 아름다움에 관한 이미지를 만들 수 있게 해주기 때문이다. 하지만 이러한 접근법에 따르는 현실적 난점 하나는 예술가를, 에로틱 예술을 보호하는 원칙의 비호하에 활동하기를 바라는 소아성애자와 구별하는 것이다.

예술을 하나의 보호 구역으로 다루어야 한다고 보는 또다른 주장에 의하면 예술은 바로 그 본성상 기성 의견에 진지하고 중대한 도전을 시도하는 인간 활동의 영역이다. 예술의 자유에 대한 제한은 이런 관점에서 특히 치명적인데 우리의 문화가 존속하고, 자기반성적이고, 자기비판적일 수 있게 해주는 바로 그 사람들의 창조성을 억누르기 때문이다.

그러나 이러한 접근법은 언론의 자유에 대한 사상의 자유 시장 접근법과는 완전히 배치한다. 다시 말해 그것은 우선적으로 보호해야 할 특정한 표현 영역이 존재함을 전제한다. 검열로부터의 이런 면제는 사람들의 종교적 감수성을 불쾌하게 자극하는 예술의 영역에서도 적용되어왔다. 이 점을 잘 보

9. 안드레스 세라노, 〈오줌 그리스도 Piss Christ〉

여주는 두 가지 사례가 있는데 둘 다 불쾌감을 주는 작품으로 여겨졌다. 안드레스 세라노(Andres Serrano)가 십자가상을 자기 소변에 담가놓고 이것을 촬영해 〈오줌 그리스도Piss Christ〉라는 제목을 붙였을 때 많은 기독교인이 이 작품의 의도적 도발에 몹시 불쾌해했다. 실제로 미국 상원에서는 이 예술가의 작업에 보조금을 지원하는 것이 과연 옳은가 하는 의문이 제기되었다. 〈오줌 그리스도〉를 조롱하는 사람 가운데 일부는 세라노를 예술가가 아니라고 주장했는데, 이것은 어떻게 보면 예술은 검열에서 특별히 보호해야 할 가치가 있다는 입장을 간접적으로 시인하는 것이기도 하다.

유사한 사례로 크리스 오필리(Chris Ofili)가 1996년에 제작한 성모 마리아의의 이미지는 언뜻 보기에는 별로 거슬리는 데가 없으나, 가만히 살펴보면 성모의 오른쪽 젖가슴은 코끼리 똥을 오브제로 하고 있고 그 배경은 포르노그래피 잡지에서 오려낸 신체 부위 사진들로 장식되어 있다. 이 작품 또한 많은 기독교도의 심기를 건드렸다. 1999년에 〈센세이션Sensation〉이라는 전시회의 작품으로 브루클린미술관에 걸렸을 당시, 이 명백한 신성모독과 노골적인 성적 이미지의 강력한 조합에 분개한 사람 가운데는 뉴욕 시장 루돌프 줄리아니(Rudolph Giuliani)도 있었다. 그는 그것을 로마 가톨릭교회에 대한 공격으로 받아들였고, 이를 구실로 시에서 미술관에 주는 7백만 달러의 지원금을 끊겠다고 으름장을 놓았지만 나중에 철회해야 했다.

예술계의 많은 사람이 예술을 검열하려 드는 시도에 혀를 내둘렀다. 예술은 저러한 종류의 비판으로부터 자유로워야 한다고 그들은 주장했다. 하지만 잘못된 것은 검열 행위지 예술이 검열의 대상이 되었다는 사실이 아니라는 주장도 있으며, 이것은 타당하다. 문명사회에서는 불쾌감을 줄 수 있는 자유가 보호받아 마땅하지만, 단지 그것이 예술이라는 이유로 특별대우하고 보호해야 할 정당한 근거는 없다.

제 5 장

인터넷 시대의 언론 자유

인터넷으로 모든 게 바뀌었을까?

언론의 자유에 관한 존 스튜어트 밀의 글은 1850년대에 쓰였지만 지금도 여전히 그 주제를 둘러싼 논의 대부분의 출발점이 되고 있다. 그후 통신방식에 엄청난 기술 변혁이 일어났다. 인터넷이 우리 세계를 완전히 바꾸어놓았다. 그것은 논평의 기회를 민주화했고, 어떤 메시지든지 간에 그것이 도달할 수 있는 범위를 크나크게 확장했으며, 사람들이 새로운 사상을 접하고 새로운 수단으로, 가령 이메일이나 웹로그, 팟캐스트, 보드캐스트(vodcast), 대화방, 〈세컨드 라이프Second Life〉(가상현실을 구현한 시뮬레이션 게임—옮긴이) 속 아바타의 모습 등으로 서로 소통할 수 있게 해주었다.

한때는 더 많은 대중에게 접근하는 길목을 출판사와 신문사 편집국에서 감시했지만, 오늘날은 시민저널리즘이 부상함에 따라 인터넷이 연결되어 있고 기본적인 컴퓨터 사용법만 알면 누구나 자신의 말을 통제하는 어떤 중개자도 거치지 않고 다중에게 다가갈 수 있다. 언론 자유의 미래는 정부가 개인의 인터넷 사용을 허용하는 방식과 (또 정부가 시민의 인터넷 사용 방식에 통제권을 행사할 수 있는 현실적 한계와도) 밀접한 관련이 있음이 분명하다. 인터넷 시대에 정부나 여타 기관이 표현의 자유를 제한하는 것이 현실적으로 가능한지는 중요한 문제다. 하지만 이와 관련해 그러한 기관들이 중대한 영향을 미치지 못한다고 해도, 표현되는 사상들의 급속한 확산이 인간에게 과연 유익하기만 한가 하는 도덕적 문제는 변함없이 남아 있다. 인터넷과 연관된 특별한 위험이 있을까?

인터넷의 위험성

리처드 포스너가 밝힌 이 새로운 전파 수단의 다음 네 가지 특성은 무책임한 발언의 위험성을 키울 수 있고, 따라서 언론의 자유를 대하는 우리의 사고방식에도 틀림없이 영향을 줄 것이다.

익명성. 인터넷에서는 통신 사용자와 개발자가 신원을 숨길 수 있다. 그래서 혐오 발언이나 아동 포르노그래피 등과 같이 거짓되고 불법적이고 위험한 자료를 생산, 개발, 소비하기 훨씬 수월하다.

콘텐츠 품질관리의 어려움. 누구나 인터넷에 무엇이든 게시할 수 있다. 이것은 책이나 잡지, 신문을 인쇄, 배포하기 전에 부정확하고 왜곡된 정보를 출판 시스템으로 걸러내거나 변호사의 요청으로 삭제하던 기존의 출판과는 아주 다르다. 인터넷에서는 근거 없는 주장도 잘 취재한 기사만큼이나 쉽게 게시된다. 누군가의 명예를 훼손하고 앙심을 표출하는 것을 일삼는 '안티사이트'(Gripe Sites)라는 장르까지 생겨난 실정이다. 유명인을 둘러싼 소문들은 웹로그를 통해 바이러스처럼 퍼져나가는데 사실무근이거나 새빨간 거짓말인 경우가 다반사다. 만약 그런 의견들이 신문으로 발표되었다면 상당수가 법적 압력을 못 이기고 철회되었을 것이다.

엄청난 수의 잠재적 간객(audience). 인터넷에서는 전 세계의 무수히 많은 잠재적 독자와 시청자를 만날 수 있다. 따라서 발언이 야기하는 피해도 그만큼 쉽게 확산한다.

반사회적 결속의 용이함. 인터넷에서는 이상하고, 해괴하고, 위험하고, 체제 전복적인 생각을 가진 사람들이 서로를 수월하게 찾아낼 수 있다. 과거에는 그와 같은 견해를 갖고 있으면 사회적으로 고립되기 십상이었지만, 오늘날에는 그러한 사람들이 대화방이나 웹사이트를 통해 서로 연결되어 "내딤히게 자신의 사상을 표현할 뿐 아니라 그에 따라 행동하며, 한 신념공동체의 일원이라는 데서 자기 확신을 강화"한다.

포스너가 언급하듯 익명성을 인터넷이라는 매체의 영구적 측면이라고 단정할 수는 없다. 그것은 일시적 특성일 수도 있다. 하지만 오늘날의 특성인 것은 분명하다. 이것은 현실적 함의를 갖는다. 즉 인터넷에서는 특정 유형의 표현을 규제하기도 대단히 어렵지만 자료의 개발자와 사용자를 찾아내기란 더더욱 힘들다. 서슴없이 부도덕한 방법을 쓰는 자들에게도 인터넷은 세계 곳곳의 사람들과 의사소통할 수 있는 자유를 크게 증대시켜주었는데, 이것은 기존의 방식으로 생각을 전파할 때보다 추적당할 위험이 훨씬 낮아졌기 때문이다. 설령 어떤 견해가 혐오감을 불러일으키거나 폭력을 조장할 가능성이 있어 검열을 하는 것이 마땅하다는 생각이 들더라도 막상 시행하기는 무척 힘들다. 도덕적 관점에서는 폭력 선동을 지탄하고 싶겠지만 현실적으로는 그런 견해가 인터넷에서 표현되는 것을 막지 못할 것이다. 이렇듯 검열이 사실상 불가능하다면 저러한 종류의 표현이 불러오는 피해를 최소화할 다른 방안을 강구해야 한다.

다음으로 콘텐츠 품질관리의 어려움은 상황이 급변하고

있다. 많은 웹사이트가 콘텐츠의 품질을 관리하며, 이것이 그들의 평판과 독자층 확보의 기반이 된다. 이러한 품질관리는 콘텐츠 게시 이후에 평판이 높은 사이트들의 인증을 받는 형태로 이루어지기도 하는데, 이들이 대학교라든가 BBC, 〈뉴욕타임스The New York Times〉와 같은 신뢰할 만한 기관이나 공공단체와 제휴하고 있기 때문인 경우가 많다. 이를테면 〈일간 예술과 문학Arts and Letters Daily〉(www.aldaily.com)과 같은 웹사이트들은 양질의 자료 링크들을 종합한 다음, 독자가 이용할 수 있는 것을 선별해 게시함으로써 문예지에 버금가는 콘텐츠를 만들어낸다. 다시 말하지만, 포스너가 언급하듯 현재와 같은 콘텐츠 품질관리의 어려움은 인터넷의 한시적 측면일 수 있다. 하지만 그 결과, 해악을 끼칠지도 모를 많은 억설이 이미 널리 유포되고 있는데 기존의 인쇄매체를 통해서였다면 불가능했을 것이다. 사상의 자유시장을 믿는 사람들에게 표현의 다양성과 광범성은 인터넷이 가져온 긍정적 결과지만, 다른 사람들에게는 신기술이 불러온 근심거리다. 인도주의적 내용의 정보를 신속히 전달하는 데 쓰였던 매체가 자살폭탄테러를 조장하거나 유명 영화배우의 사생활에 관한 해로운 헛소문을 퍼뜨리는 데 쓰일 수도 있지만, 이에 대한 구제책은 거의 마련되어 있지 않다.

인터넷에는 사상과 이미지를 접할 수 있는 관객이 무수히 많으므로 그것들을 온라인상에 공표하는 데 따르는 잠재적 효과도 분명히 크다. 나는 집에서 비용을 거의 들이지 않고도 어떤 메시지든 웹로그에 게시할 수 있으며, 그것은 불과 몇 초 만에 세계 반대편 사람들에게 검색되고 열람되어 응답을 받을 수 있다. 이것은 확실히 인터넷의 주된 혜택인 동시에 우려스러운 측면이다. 이러한 즉시성과 광범성은 포스너가 다음과 같이 지적하듯 큰 대가를 감수해야 할 수도 있다. "자신의 편지를 실어줄 신문을 찾지 못한 광인도 사실상 비용을 전혀 들이지 않고 인터넷으로 수천, 수백만 명의 사람들에게 편지를 전달할 수 있다."

이것은 해로운 발언이 역사상 그 어느 때보다도 많은 사람에게 위험한 영향을 끼칠 수 있음을 의미하며, 부인할 수 없는 사실이다. 하지만 그러한 발언에 꼭 그만큼 많은 사람과 더불어 재빨리 응수할 수 있다는 점이 이러한 우려를 어느 정도 완화한다. 발언에는 대항 발언이 뒤따를 수 있으며, 논쟁에서 누군가가 배제될 가능성도 훨씬 줄어들었다. 또한 기존의 주류 매체를 통할 때보다 한층 다양한 의견이 표출될 수 있게 되었다.

포스너가 지적한 넷째 특성, 즉 반사회적 위험인물이 같은 생각을 가진 사람들과 연합하고 시로의 신념을 함께 다져나갈 수 있다는 점은 확실히 옳다. 이 또한 실제로 해악을 초래할 공산이 무척 크다. 테러리스트들과 마찬가지로 소아성애자들 역시 바로 그런 방식으로 서로 협력해왔다.

보통 이러한 사람들의 활동은 명백히 불법이다. 하지만 의사소통의 용이성과, 유사한 성향의 사람들이 서로를 찾아낼 수 있게 해주는 네트워크가 폭력과 직결되는 연대를 가능하게 했다. 그 정도까지는 아니더라도 여전히 아주 심각하고, 많은 경우 치명적 결과를 맞는 10대 거식증 환자들은 체중감량과 공복통 극복을 위한 아이디어를 교환하는 데 매우 적극적이었으며 마름(thinness)이라는, 그리고 섭식은 죄악이라는 위험한 이상을 강화했다. 이 사례의 위험성은 친거식증(프로아나, pro-anorexic) 웹사이트를 이용하는 사람들에게 해당한다. 반사회적인 사람들이 힘을 합칠 수 있게 해주는 것과 동일한 기술이, 건전한 목적을 가진 사람들로 하여금 토론하고 협력해서 해악에 대항할 수 있게 해준다는 것 또한 사실이다. 그렇지만 아무런 규제가 없는 의사소통을 옹호하는 사람들이라면 그러한 접근법이 현재 얼마나 심각한 결과를 야기할 수 있는지도 똑똑히 알아야 한다. 이런 종류의 위험을 걱정하는 사람들 가운데 일부는 인터넷서비스제공자가 접근권을 부여한 콘텐츠에 대해서는 바로 그 제공자에게 법적 책임을 물어야 한다고 주장한다. 하지만 이 주장이 받아들여지면 의사소통의 즉시성과 개방성의 이점이 상당 부분 사라질 수도 있다. 이와 같은 상황에서 궁극적으로 옳은 결정을 내리려면 아주 복잡하고 끊임없이 변동하는 비용편익분석에 기초해야 한다. 즉 인터넷이 실제로 어떻게 사용되고, 기술이 발전하면 무엇이 가능하며, 상이한 조치가 실제로 어떤 결과로 이어질지를 종합적으로 고려해야 한다.

'데일리 미'?

캐스 선스타인(Cass Sunstein)은 인터넷과 관련 기술이 언론의 자유에 미치는 영향에 대해 또다른 우려를 표시했다. 민주국가가 언론의 자유로부터 얻는 유익은 대중이 아주 다양한 발언자와 의견을 접할 수 있다는 데서 일정 부분 비롯한다. 여기에는 대중 개개인이 그들과 대립하는 의견을 접함으로써 자신의 신념을 반추하고 자신과 연관된 문제에 비판적으로 참여하게 되리라는 가정이 깔려 있다. 다양한 견해에 노출되지 못하면 개인은 자신의 견해에 안주할 수 있으며, 가령 그 견해가 논란이 되거나 널리 반감을 산다는 사실도 깨닫지 못할 수 있다.

선스타인은 각양각색의 사람들로 구성된 하나의 사회가 잘 작동하기 위해서는 사람들이, 그들이 읽거나 듣지 않기로 했을 수도 있는 자료들에도 폭넓게 노출될 필요가 있다고 주장한다.

사람들이 애써 찾아보려고 한 적이 없는, 그리고 어쩌면 자못 비위에 거슬릴 수도 있는 주제나 관점과의 예상치 못한 조우는 민주주의, 더 나아가 자유 그 자체에도 중요하다.

이것은 숙의민주주의가 작동하기 위해서는 시민이, 그들이 선출한 대표에게 책임을 추궁할 수 있어야 할 뿐 아니라 자신과 연관된 문제를 반성하고 토론할 수도 있어야 한다는 생각과 관계있다. 그리고 발언에 대항 발언으로 맞서는 전통이 유지되려면 대항 발언이, 특히 그 대항 상대에게 반드시 전달되어야 한다는 입장과도 연결된다.

인터넷을 사용할 때 우리는 정보를 아주 선택적으로 받아들이기 쉽다. 내가 알고 싶지 않은 것은 모조리 걸러내면 그만이다. 혹은 내 관심사와 호불호를 인식하는 소프트웨어를 이용해 자동으로 그렇게 할 수도 있다. 원론적으로 개개인은 인터넷에서 접한 뉴스나 오락거리 등 온갖 자료를 주제별로 뿐 아니라 자료의 작성자나 발표자가 취하는 입장에 따라서도 자기 입맛대로 조정할 수 있다. 진보주의자는 진보적 의견을 전달하는 뉴스만 골라 들을 수 있으며, 인종주의자는 인터넷을 통해 제기되는 자신의 견해에 대한 어떤 도전에도 응할 필요가 없다. 인터넷 사용자는 '데일리 미(Daily Me)'를, 말하지면 개인 맞춤형 기사로 이루어진 신문을 구독하는 셈이다(이 용어는 MIT미디어연구소장 니콜라스 네그로폰테Nicholas Negroponte가 그의 책 『디지털이다Being Digital』에서 처음 사용했고 대중화했다—옮긴이). 만일 개개인 상당수가 이처럼 다른 사람의 사상에 선택적으로만 접근한다면 건전한 민주주의의 요건은 충족되지 못할 것이라고 선스타인은 말한다. 이것은 모든 사람이 인터넷을 규정된 방식대로 사용하기를 강요하는 주장이 아니다(혹시 그렇다면 용납하기 힘든 온정주의적 간섭일 것이다). 다만, 인터넷은 당신이 오직 듣고 싶은 것만 듣게 될 위험을 가중한다는 점을 지적하는 것이다.

선스타인에 응해, 우리는 오래전부터 정보를 선택적으로 받아들여왔다고 주장할 수도 있다. 나는 인종주의적 잡지를 구독하지 않으며 동종요법에 관한 책도 읽지 않는다. 또한 나는 편집국의 입장에 공감하는 신문을 보며, 내 견해의 많은 부분을 두루 공유하는 사람들과 어울린다. 실제로 나는 인터넷을 이용하면서 그것이 존재하지 않았을 때보다 한층 다양한 의견을 접하게 되었는데, 이는 콘텐츠 상당수가 무료고 접근하기도 매우 수월한데다가 하나의 주제와 관련된 기사들을 검색엔진이 중립적으로 목록화해 보여주기 때문이다. 또 나는 어느 웹로그에 논쟁적인 글을 게시할 때마다 대항 발언에 해당하는 댓글들, 즉 나와 판이한 종류의 신념을 가진 사람들의 응답을 들을 수 있었는데, 이는 인터넷이 웹로그의 댓글 기능이나 대화방의 토론 등을 통해 어떤 생각을 단순히 수동적으로 받아들이게 하기보다는 대화를 촉진하기 때문이다. 이것은 일화적 증거(anecdotal response)이기는 하나, 인터넷이 사고의 편협함을 조장할 수 있다는 선스타인의 우려가, 실제로 사람들이 그가 말하는 그런 방식으로 인터넷을 사용하는지를 확인하는 경험적 조사가 필요함을 시사한다.

아이들에 대한 온정적 간섭주의

인터넷의 우려되는 측면 중 또 하나는, 가령 포르노그래피적 자료라든가 낯선 사람들과의 소통 수단을 아이들이 이용하는 것과 그에 뒤따르는 온갖 위험을 통제하기 상당히 어렵다는 점이다. 이 또한 인터넷의 일시적 측면일 수 있다. 아마도 머지않아 더 정교한 자녀 보호 장치가 개발되어 그러한 위험을 줄여줄 것이다. 하지만 현재로서는, 설사 일부 성인의 언론 자유를 제한한다고 해도 아동보호 차원에서 특정한 종류의 웹사이트를 불법화하는 것이 정당할 수도 있다. 예를 들어, 앞서 언급했듯 많은 친거식증 또는 친자해(pro-self-harm) 웹사이트와 대화방이 존재하는데, 이것들을 통해 청소년들은 체중감량 방법을 서로 공유하고, 최악의 경우 사망에 이르게 할 수도 있는 그들 자신의 신체에 대한 그릇된 인식을 더 공고히 한다. 아이들이 쉽게 접근할 수 있는 포르노그래피 웹사이트도 많다. 성인에 한해서는 이런 종류의 웹사이트를 허용해야 한다는 주장도 있을 수 있지만, 아이들에 대한 온정주의적 간섭은 지극히 온당하다 하겠다. 아동과 청소년이 그런 웹사이트에 접근하는 것을 막을 간단한 방법이 있다면 그것이 좋은 해결책이 될 것이다. 하지만 신뢰할 만한 통제 수단이 부재한 상황에서 그나마 나은 선택지는, 아이들에게 대단히 심각한 위험을 초래할 수 있다는 근거를 들어 저러한 웹사이트를 법으로 금지하고 절대로 운영하지 못하도록 강력한 조치를 취하는 것이리라.

다른 사람의 말과 이미지 사용하기

인터넷의 존재는 또한 저작권법이 언론의 자유에 부과하는 한계에 대한 우려를 표면화했다. 다른 사람의 말을 허락 없이(혹은, 많은 경우 대가를 지불하지 않고) 사용하는 것은 수백 년 전에도 금지하던 일이었다. 저작권은 자신의 글에 대한 재정적 보상을 받으려는 작가들의 요구와 그들의 작품에 대한 사용자의 요구 간에 이루어진 타협의 결과다. 나라마다 차이는 있지만, 저작권법 제정으로 출판이나 연설, 공연 시에 사용하면 불법이 될 수 있는 말이 많아졌다. 이것은 잠재적으로 언론의 자유에 대한 제한이 되는데, 만일 당신이 다른 사람들의 글을 콜라주하고 싶어하는 작가라거나 현대 극작가의 작품에 나오는 말을 공공장소에서 허락받지 않고 낭독하고 싶어 하는 경우라면 특히 그렇다.

최근 몇 년 사이, 디지털 기술로 인해 다른 사람의 글을 재사용하거나 변환하기 수월해지면서 기존에 관한 새로운 쟁점이 떠올랐고, 다른 사람의 말을 더 자유롭게 사용할 수 있게 저작권법을 개정하자는 캠페인도 일어났다.

엘리엇(T. S. Eliot)의 시 「황무지The Waste land」는 작자 자신의 시구에 '훔친' 것들을 결합한 것으로 유명하다. 새로운 문맥은 그것들에 새로운 의미를 부여하고 장소와 시를 과거에 결부하여 곧잘 아이러니한 효과를 낳는다. 엘리엇에게 위대한 문학이란 과거의 문학을 토대로 이용하는 것임이 자명했다. 모든 글의 의미는 일정 부분 다른 사람들의 글, 특히 특정 전통에 속한 고인들이 쓴 글과의 관계에서 생겨난다. 엘리엇은 그의 시적 실천에서 한걸음 더 나아가 실제로 자신의 시에 그런 전통의 파편들을 끼워넣고 나서 일일이 주석을 달아 출처를 밝히기도 했다.

윌리엄 셰익스피어(William Shakespeare)는 사료의 플롯이나 당대인들의 사상을 창작의 토대로 삼았다. 음악가는 다른 작곡가를 자주 인용한다. 시각 콜라주는 다른 사람들의 작품을 재사용할 때가 많지만 그 결과물은 대개 새로운 작품이다. 거의 모든 예술 장르에서 위대한 창작가는 그들 선배의 작품을 때로는 은밀하게, 또 때로는 노골적으로 재사용한다. 실로 선택적 인용은 포스트모더니즘의 주요 특징이기도 하다. 많은 사람이 예술은 바로 이런 방식으로 발전한다고 생각한다. 창의성은 과거 예술과의 관계에서 나온다. 예술은 또한 자유를 요구하는 영역이다. 개인이 순응의 한계를 넘어서는 곳이다. 모든 제한은 예술적 발전 가능성의 가지를 쳐낸다. 과거의 작품을 이렇듯 재사용하는 것은 적절할 때가 많지만, 그 작품을 마치 자기가 창작한 것인 양 행세해 도덕적 비난을 살 만한 경우도 있다.

포스트모더니즘 예술 실천은 적어도 엘리엇이 「황무지」에서 보여준 것만큼이나 혼성적(magpie-like)이고 절충적이다. 한 가지 극명한 사례로, 예술가 셰리 러빈(Sherrie Levine)은 워커 에번스(Walker Evans)의 전시작 도록에 나오는 그의 유명한 사진들을 재촬영한 다음 인화해서 전시까지 했는데, 이것은 어디까지나 에번스의 사진을 다시 사진으로 복제한 것에 불과했다. 하지만 그녀가 전시에 사용한 이미지들은 에번스의 것과는 사뭇 다르며 그 작품에는 다양한 아이디어가 더해졌다고 말할 수도 있다. 실로 평론가 대부분은 이런 종류의 공개적 차용을 사진의 독창성(originality), 저자성(authorship), 진정성(authenticity) 개념에 대한 포스트모던적 논평으로 보아야 한다고 주장했다. 여기까지만 보면 그녀는 개념미술가에 가깝다. 하지만 주요 미술 갤러리에서 현재 소장하고 있는 러빈의 작품은 아이러니하게도 워커 에번스가 촬영한 원본 이미지에 시각적으로 대단히 기생적인데, 실제로 이러한 기생성이야말로 그것의 본질이다.

언론의 자유 vs 저작권

다른 사람의 말이나 이미지를 재사용하는 데는 도덕적 제약은 물론이고 법적 제약도 따를 수 있다. 모든 말이 그런 것은 아니다. 엘리엇이 「황무지」에서 차용했던 말 상당수는, 이를테면 셰익스피어가 했던 말들과 마찬가지로 저작권이 만료된 지 오래되었다. 우리는 셰익스피어라는 인물에 대해 그렇게 많이 알지는 못하지만 그가 70년도 전에 사망했으며, 따라서 그의 작품이 현재는 모두 퍼블릭 도메인(public domain)에 속하므로 누구나 자유롭게 이용할 수 있는 저작물이 되었다는 사실 정도는 안다. 엘리엇은 셰익스피어가 했던 말들을 재맥락화함으로써 그것에 새로운 의미를 부여했지만 독자들이 그 출처를 알 수 있도록 했다. 그 말들을 자기 것인 양 행세하려는 시도는 일절 없다(혹시 그랬다면, 저작권이 만료되었더라노 표설이 될 수 있다).

그러나 작품의 저작권이 유효하다면 언론의 자유에는 광범한 법적 제약이 따른다. 저작권은 사상의 표현, 특히 사용된 특정한 말(또는 이미지)을 보호한다. 하지만 사상 자체를 보호하는 것은 아니다. 이것은 중요한 차이다. 다시 말해 당신은 다른 누군가의 말을 여러 상황에서 자유롭게 바꾸어 표현할 수는 있어도, 그것을 그대로 가져다 자유롭게 말하거나 글로 쓸 수는 없다. 사상을 다른 말로 표현하는 것은 가능하지만 저작권자의 허락 없이는 공개적으로 길게 인용할 수 없다.

영국에서는 작품이 쓰이는 그 순간부터 자동으로 저작권 보호를 받는다. 따라서 만일 내가 내 단칸 셋방에서 소설을 쓰고 나서 그것을 서랍에 넣고는 잊어버렸는데, 나중에 당신이 그것을 우연히 발견해 내 허락 없이 출판한다면 당신은 내 저작권을 침해한 것이다. 비록 내가 그것을 저작물로 등록하거나 다른 누군가에게 보여주지 않았다고 해도 그것은 여전히 내 지식재산으로서 법적 보호를 받는다.

그러나 내 소설에 대한 권리는 내가 당신에게 출판을 허가하느냐 마느냐 하는 문제에만 국한되지 않는다. 만약 당신이 나도 모르게 공개된 장소에서 그것을 낭독한다면 이 또한 당신이 내 저작권을 침해하는 것일 수 있다. 혹은 당신이 그것을 임의로 각색한다거나, 돈을 받고 다른 사람에게 대여하는 경우도 마찬가지다.

그뿐 아니라 내게는 내 저작물과 관련해 '저작인격권(moral rights)'이라는, 다소 의아한 용어로 불리는 권리도 있다. 여기서 'moral'이라 함은 곧 내가 저작물의 창작자로서 갖는 법적 권리를 가리킨다. 이것은 다음과 같이 구분된다.

성명표시권(right of attribution). 내가 내 저작물의 저작자로 식별될 수 있는 권리를 뜻한다.

동일성유지권(right of integrity). 내 저작물이 내 명예나 위신을 실추하는 방식으로 개작되거나 다루어지지 않을 권리를 말한다.

다른 사람의 말(또는 이미지)들을 콜라주하거나 공개된 장소에서 낭독하거나 웹사이트에 잘라 붙여넣기를 하는 방식으로 표현을 하는 행위는 용인되지 않거나, 적어도 저작권침해로 고소당할 위험이 있다. 이것은 언론의 자유에 관한 논의에서 비교적 등한시되었던 문제지만 인터넷 및 디지털 미디어 시대에 이르러 차츰 중요해지고 있다. 잘라 붙여넣기 옵션은 워드프로세싱프로그램에 기본으로 포함되어 있으며 아주 어린 아이들도 능숙하게 다룬다. 휴대용 디지털 사진복사기나 디지털카메라, 스캐너 등을 쓰면 다른 창작자의 지적물을 재사용하는 것은 그야말로 아이들 장난이다. 하지만 세계 대부분의 나라에서는 그 결과물이 얼마나 창의적인가와 상관없이 다른 사람의 지적, 예술적 노동의 산물을 재사용하지 못하도록 법으로 금지한다.

예외도 있다. 예컨대 영국에서는 비평이나 리뷰를 목적으로 하는 선택적 인용은 공정취급(Fair Dealing)으로 용인한다. 미국의 경우는 공정이용(Fair Use)이라는 더 폭넓은 개념을 적용한다. 하지만 이처럼 예외를 인정한다고 해도 다른 사람의 저작물을 상당량 사용하는 것은 대체로 허용되지 않으며, 시를 짓거나 노랫말을 쓸 때는 단 한 줄만 무단 인용해도 위법행위로 간주될 수 있다. 2003년부터 영국에서는 비영리 연구나 개인의 학습을 목적으로 하는 공정취급은 어떠한 상업적 활동으로도 확대되지 못한다. 달리 말해 당신이 연구의 목적으로 타인의 저작물을 사용한 뒤 그로부터 상업적 이익을 얻는다면, 공정취급에 따라 저작권법의 적용을 면해줄 것을 요구할 수 없다. 이것이 사실상 의미하는 바는, 가령 한 전기작가가 오래전에 죽은 어느 인물이 쓴 편지의 내용을 책에 실어 공개하려는 시도는 좌절될 수 있다는 것이다. 편지의 저작권이 유효하다면 그것을 출판물에 수록해도 되는지 아닌지는 글쓴이의 유족 또는 유산 관리인이 결정할 수 있다. 전기작가는 그가 다루는 인물이 실제로 썼던 말들을 자유롭게 사용하지 못할 것이다. 즉 저작권이 그것을 금지한다. 그리고 이런 제한은 저작자가 사망한 후 70년 동안 이어진다.

저작권법 개정의 움직임

인터넷 시대의 지식재산에 각별히 관심을 기울이는 법학교수 로런스 레시그(Laurence Lessig)는 저작권법을 재고해야 한다고 열렬히 주장해왔다. 그에 따르면 현재 우리는 확연히 새로운 상황에 들어섰다. 복제와 콜라주가 그 어느 때보다도 수월해지고 모든 사람이 인터넷에 접속해 방대한 저작물을 가져다 재사용할 수 있게 된 바로 그 순간, 저작권법은 심술궂게도 저작권자의 이익 보호 기간을 연장했다. 특히 레시그를 비롯해 사용자 권리를 옹호하는 사람들은 원작자 사후의 저작권 유효 기간을 늘리는 이른바 '소니보노(Sonny Bono)법'을 미국에서 합헌으로 판결한 데 대해 분통을 터뜨렸다. 레시그는 지식재산을 공동으로 사용할 수 있는 세계를 간절히 소망한다.

저작권법이 존재하는 이유는 창작자와 출판사의 이익을

보호하고, 창작자가 창작활동으로 수익을 얻을 수 있게 하여 창작 의욕을 고취한다는 데 있다. 이것은 창작자와 사용자 두 집단의 이해관계 사이에서 이루어진 현실적 타협이다. 저작권이 없으면 작가나 예술가는 생계를 꾸려나가기 막막해질 수 있다는 말이다. 창작의 동기 가운데 상당 부분이 사라져버릴지도 모른다.

그러나 저작권법이 창작자에게만 편향되어서는 안 된다. 그 입법취지는 창작자 등 여타 권리자(가령 출판사)와 사용자 양측의 이해관계를 조율하는 데 있다. 사용자는 그들 시대의 사상과 예술작품을 접할 수 있어야 하며, 그들 다수는 이런 저작들을 부분적으로든 통째로든 재사용할 수 있기를 바랄 것이다. 영국 외 유럽 국가들의 경우, 문학 저작권은 작가 사후 70년간 작가의 유족에게 귀속하며 그후에야 자유 이용 저작물로 변경된다. 이것은 어느 모로 보아도 과한 조처로, 유럽 연합법(EU law)이 범유럽의 저작권법을 제정하면서 가장 긴 보호 기간을 규정해놓았던 독일의 사후(死後) 저작권법을 모델로 삼은 탓이 크다. 달리 말해 이 기간은 어떤 도덕적 근거라든가 그것이 창작의 동기를 부여한다는 근거로 쉽게 정당화할 수 있는 수치가 아니라, 서로 다른 법체계들을 절충하는 과정의 일환으로 이루어진 또하나의 현실적 타협이었다.

언론의 자유를 옹호하는 사람들이 로런스 레시그와 같은

사람들과 함께 문학 및 여타 창작물의 보호를 최소화하고 그 이용 가능성을 최대화하는 소위 카피레프트(Copyleft) 운동에 참여해야 할까? 이것은 기존 저작권법의 근본적 개편을 수반하며 작가나 출판인과 같은 사람들의 경제적 이익을 잠식할 수 있다.

결과주의자의 관점에서 이 논쟁이 제기하는 근원적 질문은 다른 사람의 말을 사용할 수 있는 자유의 증대가 현행의 저작권법, 또는 그것을 일부 개정한 것보다 큰 이익을 가져다 주는가 하는 것이다. 온건한 입장은 기존의 저작권법을 최소한으로 수정해 지금보다 자유롭게 다른 사람의 말과 이미지를 사용할 수 있게 하면서도, 아주 많은 작가와 예술가가 매우 중요하게 생각하는 재정적 보상이나 동기를 그들에게 제공해 더 공정한 균형이 이루어지도록 하는 것이다. 아마도 여기에는 다른 사람의 말을 창작에 재사용할 수 있는 다양한 예외 조항이 포함될 것이다. 다만 이러한 변화는 시행하기도 단속하기도 어려울 수 있다. 한편 급진적 입장은 타인의 저작물 재사용에 대한 모든 법적 규제를 해제하고 지식재산의 성격을 재규정하는 것이다. 그리하면 사상은 표현되는 순간 퍼블릭 도메인에 들어갈 것이다.

사용자에게, 또 언론의 자유를 확장하는 데 전념하는 사람들에게 급진적 견해는 매력적으로 보인다. 물론 인류의 입장에서는 모든 사상이 인터넷을 통해 자유롭게 유포되어 접근 가능해진다면 더 좋을 것이다. 이것이 창의성을 촉발할 수 있다는 주장도 있다. 작가의 입장에서, 동시대의 다른 탁월한 작가들의 작품을 가져다 그것들을 콜라주하고 마음대로 복사, 배포할 수 있는 자유가 있다고 상상해보라. 사상과 그 표현은 우리가 가진 위대한 공동 유산임이 분명하며 그것들을 접하고 자유롭게 이용할 수 있는 사람이 많으면 많을수록 좋다.

그러나 이것을 실행하는 데는 상당한 문제가 뒤따를 수 있다. 많은 사람이 급진적 접근법은 문자텍스트를 생산하고 분배하는 경제적 기반을 완전히 무너뜨릴 위험이 있다고 생각한다. 사진을 비롯해 여타 이미지의 경우도 마찬가지다. 작가들은 보통 글을 쓰고 보상을 받는다. 이와 유사하게 사진작가들은 대개 그들 사진의 재사용을 허가하는 데서 생계의 많은 부분을 꾸린다. 만일 이들에게, 그들 작품의 재사용으로부터 직접 돈을 벌 기회가 주어지지 않는다면 잠재적인 주요 수입원도 사라질 것이다. 이러한 금전적 보상이 없다면 작가들 역시 집필을 중단한다거나 어쩔 수 없이 글을 훨씬 덜 쓰게 될 것이다. 경제적으로 작가라는 소업은 그 상당수가 평균임금에도 한참 못 미치는 돈을 버는 불안정한 직업이다.

여기에는 또하나의 논거가 있는데 자연적 정의(natural justice)에 기초한 것이다. 왜 콜라주를 하는 사람이 다른 누군가의 지적 노동으로부터 그토록 많은 혜택을 누려야 하는가? 보통 유형재산의 영역에서는 재산을 소유한 사람이 (일반인이 오갈 수 있는 오솔길이 그의 사유지를 가로지르는 것과 같은 특별한 경우를 제외하고는) 일반 대중에게 그의 소유물을 자유롭게 이용할 수 있게 해주어야 할 의무가 없다. 그런데 주로 생산에 노동력이 집약되는 지식재산이라고 해서 왜 달라야 하는가? 지식재산을 유형재산과 다른 방식으로 취급해야 할 타당한 이유가 있는가? 한 가지 큰 차이는 지적 저작물은 동시에 무수한 사람이 사용할 수 있지만, 가령 집은 모든 사람이 차지할 수 없다는 점이다. 여러분의 손에 들린 이 책을 동시에 읽을 수 있는 사람들의 수에는 명확한 제한이 없는데 전자형식으로 배포된다면 더더욱 그렇다. 한 사람이 사용하고 있더라도 다른 사람들의 사용에 방해가 되는 일은 없다.

저작권과 관련한 언론 자유의 쟁점은 본서에서 논한 여타 주제들과는 사뭇 다르다. 다른 주제들의 경우는 모두 광범한 언론의 자유를 전제하며, 그러한 언론의 자유에 가하는 모든 제약에 대해 타당한 근거를 요구한다. 하지만 저작권의 경우는 창작자와 사용자 각각의 이해관계를 균형 있게 조율하는 문제에 대해 역사적으로 형성된 현실적 해결책이 존재하며, 이것이 언론 자유의 문제에 우선하는 듯하다. 여기에는 타인의 말이나 이미지를 사용하고 싶어하는 사람들의 언론 자유보다는 저작권을 더 존중해야 한다는 인식이 전제되어 있는 듯하다.

향후 인터넷이 어떤 식으로 발전하든 간에 지금 우리는 언론 자유의 역사에서 흥미로운 시기를 살고 있다. 인쇄술 시대에 이루어진 과거의 타협은 이제 지속하지 못할 수도 있다. 신기술은 이미 사람들이 국경을 초월해 의사소통할 수 있는 기회를 폭넓게 제공하고 있는데 이전에는 꿈도 꿀 수 없었던 일이다. 중앙통제를 우회할 수 있는 수많은 방법이 존재하는 상황에서 검열과 언론 규제는 점점 시행되기 어려워지고 있다. 주세페 람페두사(Giuseppe Lampedusa)의 말마따나 "모든 게 그대로 유지되길 바란다면 모든 게 바뀌어야" 한다(그의 역사 소설 『표범 Il Gattopardo』에 나오는 말—옮긴이).

결 론

언론 자유의 미래

아마도 플라톤은 표현의 자유를 엄격히 제한해야 한다고 주장한 최초의 철학자일 것이다. 『국가*The Republic*』에서 그가 그리는 이상사회에서 표현적(representational) 예술을 위한 자리는 없다. 그 주요 논거의 하나로 그는 재현(representation) 또는 모방(mimesis)의 타락 효과를 든다. 플라톤이 보기에 우리가 지각하는 현실(reality)은 현상(appearance) 뒤에 감추어진 보편적 유형, 즉 완전한 형상(Forms)의 세계를 불완전하게 반영하는 것이다. 내가 바라보는 침대는 평범한 시각이 아닌 철학적 사색을 통해 접근할 수 있는 바로 이 보편자의 세계에 존재하는 '침대'라는 개념보다 불완전하다. 다시 말해 특정 침대의 재현은 모두 '침대' 형상의 불완전한 반영을 모사하는 것이므로 필연적으로 불완전하다. 플라톤은 그의 이상 국가의 이상적 통치자인 철인왕들을, 실재(reality)에 대한 그들의 판단을 흐릴 수 있는 모든 것으로부터 지키고자 했다. 실재로부터 몇 단계 떨어져 있기에 그것을 왜곡할 수밖에 없는 회화예술은 바로 그러한 위험을 내포하고 있으므로 배격되었다.

그러나 플라톤의 유토피아 국가에서 철인왕들의 실재 인식을 위협하는 것은 그림뿐이 아니었다. 특정한 형태의 표현(speech), 특히 시인 또는 배우가 악인을 흉내내는 종류의 시 또한 타락을 부추기며(여기서 시는 호메로스의 서사시와 그리스 비극, 희극을 가리킨다—옮긴이), 따라서 악영향을 끼치므로 금지해야 할 것이었다. 이렇듯 플라톤은 철인왕들의 교육을 표현의 자유보다 중시했으며, 그들의 판단을 순수하고 정확하게 유지하는 유일한 방법은 이들을 잠재적으로 해로운 영향으로부터 떨어뜨려놓는 것이라고 생각했다.

표현(representation)에 반대하는 플라톤의 주장은 오늘날에는 그 추종자를 거의 찾아보기 힘든 별스러운 형이상학에 근거하고 있지만, 그의 상속자들은 해를 끼칠 성싶은 말이나 이미지를 보면 언제라도 가위를 들고 달려들 준비가 되어 있다.

카를 포퍼(Karl Popper)는 1940년대 파시즘의 어둠 속에서 글을 쓰면서 『국가』에 담긴 플라톤의 사상이 전체주의적 성격을 띠고 있음을 지적했다(이 글은 『열린사회와 그 적들 *The*

Open Society and Its Enemies』이라는 제목으로 1945년 영국에서 출판되었다—옮긴이). 이것이 플라톤의 사상 전체를 올바로 규정한 것인지는 단언할 수 없지만, 표현의 자유에 대한 그의 억압이 내포한 본질만큼은 날카롭게 포착하고 있다.

그런데 다소 아이러니한 점이 있다. 플라톤의 스승이자 그의 대화편 주인공인 소크라테스는 아테네 정부가 거슬려 하는 질문들을 한다는 이유로 재판을 받고 처형당했다. 그가 반민주적 이야기로 아테네 젊은이들을 타락시키고, 또 세인들이 그릇된 신들을 숭배하도록 부추겼다는 것이다. 훗날 예수도 그와 같은 운명을 맞듯, 소크라테스의 말은 위협으로 여겨졌으며 극형을 받고서야 그는 침묵했다(그의 경우는 독배를 마시고 옥사했다). 하지만 앞으로는 침묵하며 세상일에 참견하지 않는다는 조건으로 사면을 받았다고 해도 소크라테스는 자신의 목숨을 부지하기보다는 사상을 토론할 자유에 더 큰 가치를 부여했을 것이다.

소크라테스는 논쟁을 일으키지 않고 조용히 살기보다는 기꺼이 죽음을 택했다. 플라톤의 대화편 『변명 *The Apology*』에서 그는 자신에게 곧 사형을 언도하려는 사람들에게 이렇게 말한다.

누군가는 이렇게 말할 겁니다. '허나 소크라테스여, 당신이 우리를 떠난다면 분명코 여생을 본인의 일에만 마음쓰며 조용히 살아갈 수 있습니다.' 이것이야말로 여러분에게 납득시키기 가장 어려운 것입니다. 만일 내가 그것은 신에 대한 불복이며, 이것이 바로 내가 '남의 일에 신경쓰지 않'을 수 없는 이유라고 말한다면 여러분은 내 말을 믿지 않을 것입니다. 내가 구차한 변명을 늘어놓는다고 생각할 테지요. 또 내가 여러분에게, 좋음(goodness)과 그 밖에 여러분이 내게 들었던 주제들을 논하면서 자기 자신 그리고 다른 사람들과 질문을 주고받는 일을 하루도 빠짐없이 하는 것이야말로 사람이 할 수 있는 가장 좋은 일이며 이렇듯 캐묻지 않는 삶은 살 가치가 없다고 말한다면, 여러분은 더더욱 나를 믿지 않겠지요. 그렇지만 여러분, 실상은 내가 주장하는 바 그대로입니다. 다만 여러분을 설득하기가 쉽지 않군요.

오늘날 어떤 정부들은 소크라테스보다 플라톤의 정신에 더 동조하는 듯하다. 그들은 표현을 통제함으로써 결과도 통제하고 싶어한다. 언론 자유의 미래는 불확실하다. 만일 언론의 자유가 민주주의에서 차지하는 중요성을 제대로 인식한다면 우리는 꼭 그래야 할 때는 자신의 의견을 굽히지 않을, 그리고 누군가에게 불쾌감을 줄까 두려워 스스로 자기검열을 하게 만드는 압력에도 굴복하지 않을 각오가 더 잘되어 있을 것이다. 신성모독에 대한 종교적 민감성 때문에, 또는 국가안보와 같은 다른 가치를 위해 언론의 자유를 희생시키려는 영국 정부의 최근 태세는 우려스러운 징후다. 이것은 개인의 자유와 민주주의의 정당성을 위해서는 광범한 언론의 자유가 필요하다는 주장이 권력자들에게는 큰 무게를 갖지 않음을 시사한다. 하지만 언론의 자유에 대한 모든 억압은 도덕적으로 바람직하지 않다는 수사에 혹해서도 안 된다. 여타 고려 사항에 더 큰 비중을 두고 또다른 가치를 우선시해야 할 때두 있다. 예를 들어 특정한 종류의 극단적 포르노그래피는 언론의 자유라는 우산 아래에서 보호받을 수 있게 두어서는 안 된다. 하지만 우리는 왜 아동을 보호하는 것이 언론의 자유보다 중요한지, 또 우리가 어디에 그 한계선을 긋고자 하며 이유는 무엇인지를 명확히 해야 한다.

언론의 자유는 상아탑에서 벌이는 추상적인 토론 주제에 불과한 것이 아니다. 그와 달리 헬레나 케네디(Helena Kennedy)가 말하듯,

언론의 자유는 민주국가의 핵심 가치 가운데 하나로, 결사 옹호해야 마땅하다.

언론의 자유가 민주주의에 왜 그토록 중요한가? 앞서 언급

10. 〈소크라테스의 죽음The Death of Socrates〉(1787). 독배를 마시려는 소크라테스를 그린 자크루이 다비드(Jacques-Louis David)의 그림. 소크라테스는 논쟁적인 어떤 말도 하지 않고 자기 일에만 신경쓰며 여생을 사느니 죽는 편이 더 낫다고 판단했다.

11. 1933년 집권 직후 나치는 독일 전역의 도시에 모닥불을 피워놓고 '퇴폐적인' 작가들의 책을 모아 공개적으로 불태웠다. 그 작가들에는 카프카와 마르크스, 프로이트, 아인슈타인, 만, 릴케, 헤밍웨이 등이 포함되어 있었다.

한 로널드 드워킨이 지지하는 한 가지 견해에 따르면, 어떠한 민주 정부도 시민들 스스로가 원하는 주제로 토론할 자유를 보장하지 않는다면 정당성을 주장할 수 없다.

언론의 자유는 합법적 정부의 조건이다. 법률과 정책은 민주적 절차를 통해 채택되지 않는 한 적법하지 않으며, 만일 누군가가 그런 법률과 정책이 어떠해야 하는지에 대해 그의 신념을 표현하는 것을 정부가 가로막는다면 절차는 민주적이지 않다.

민주사회의 유권자로서 현명한 판단을 내리고 싶다면 무엇보다도 다양한 견해를 접해야 한다. 이것은 필자가 이 책 도처에서 강조해온 주제다.

인터넷은 의사소통을 민주화했다. 적어도 인터넷에 접속할 수 있는 형편이 되는 사람들에게는 그렇다. 유례없이 많은 사람이 서로 소통하고 전 세계로 자기 의사를 전달할 수 있게 되었다. 압제에 맞서 목소리를 높이는 사람들이 침묵을 강요받을 때 이 침묵에 관한 뉴스는 전 세계로 새어나갈 가능성이 그 어느 때보다도 크다. 후일, 언론의 자유에 대한 관용은 원칙적 결정의 결과라기보다는 주류 매체를 우회하는 수많은 소통 수단을 가진 무수한 목소리를 침묵시키는 것의 현실적 어려움에 따른 귀결일지도 모른다. 하지만 이런 결과에 필연성은 없으며, 어떤 국가들은 그들이 쓸 수 있는 온갖 기술 장치를 동원해 자국민의 인터넷 정보 접근을 지금도 부지런히 통제하고 있다.

1930년대 나치의 분서 사건에서 일부 영감을 받은 레이 브래드버리(Ray Bradbury)의 『화씨 451 Fahrenheit 451』이라는 디스토피아 소설에서 주인공은 책을 파기하는 일을 한다. 제목은 종이가 연소하기 시작하는 온도를 가리킨다. 불편한 생각을 제거하면 삶은 단순화한다. 이 상상의 미래에서는 망연한 행복에 방해가 되는 것은 무조리 소각되며, 누구가를 불쾌하게 하는 것도 깡그리 잿더미가 된다. 급기야 사람들은 자신이 무엇을 잃어버렸는지도 좀처럼 깨닫지 못한다. 이것이 또하나의 가능한 미래다.

언론의 자유: 주요 사건들

기원전 399년. 불경을 저지르고 아테네 젊은이들을 타락시킨다는 혐의로 기소된 소크라테스는 자신의 생각을 표현하지 못하고 살아야 한다면 차라리 죽겠다고 말한다. 결국 그는 사형을 선고받고 독배를 마신다.

1633년. 갈릴레오의 『대화—천동설과 지동설, 두 체계에 관하여 *Dialogue on the Two Great World Systems*』(이무현 옮김, 사이언스북스, 2016.)가 교황 우르바노 8세의 명으로 금지된다. 지구가 태양의 주위를 돈다는 갈릴레오의 견해는 옳은 것으로 판명 났다.

1644년. 존 밀턴의 『아레오파기티카*Areopagitica*』(박상익 옮김, 인간사랑, 2016.)가 출판된다. 밀턴은 무허가 인쇄를 옹호했다.

1689년. 존 로크의 『관용에 관한 편지*A Letter Concerning Toleration*』(공진성 옮김, 책세상, 2008.)가 출판된다. 로크는 광범한 종교적 관용을 주장했으나 무신론자에 대한 관용까지는 나아가지 않았다.

1791년. 미국의 수정헌법 10개 조항 비준. 제1조는 의회가 언론의 자유를 제한하는 법률을 제정하는 것을 금지한다.

1859년. 존 스튜어트 밀의 『자유론』 출간. 이 책에서 언론의 자유를 옹호하는 제2장은 향후 굉장히 큰 영향력을 미친다.

1919년. 판사 올리버 웬들 홈스 주니어가 '솅크 대 미합중국(Schenck vs United States)' 재판에서 언론의 자유를 무시할 수 있는 상황과 관련해 "명백히 현존하는 위험"이라는 문구를 만들어낸다.

1933년. 5월 10일, 나치가 독일의 여러 도시에서 분서를 단행한다. 불태워진 책의 저자로는 마르크스, 프로이트, 카프카, 헤밍웨이 등이 있었다.

1948년. 세계인권선언 채택. 여기에는 언론의 자유를 누릴 권리도 포함되었다.

1960년. 영국에서 '채털리 부인' 재판을 열어 로런스의 소설 『채털리 부인의 연인』이 외설적인지 아닌지를 심사한다. 종내는 출판이 가능하다는 배심원단의 평결이 내려진다. 이로써 영국은 그 어느 때보다도 폭넓은 출판의 자유를 누린다.

1977년. 런던에서 〈게이뉴스〉의 편집장 데니스 레몬이 그리스도를 동성애자로 그린 시를 출판해 신성을 모독했다는 이유로 벌금형과 집행유예를 선고받는다.

1989년. 이란의 아야톨라 호메이니가 살만 루슈디에 대한 파트와를 선포한다. 루슈디의 소설 『악마의 시』는 브래드퍼드에서 공개적으로 불태워졌다. 이 책의 일본어 번역가는 암살되었다.

2000년. 데버라 립스탯이 그녀의 책에서 자신을 홀로코스트 부인론자로 묘사한 데 반발해 데이비드 어빙이 명예훼손 소송을 제기했지만, 이 획기적인 재판은 피고 측 립스탯과 출판사 펭귄북스의 승소로 결말난다.

2004년. 영화 〈복종 제1부〉를 연출한 테오 판 호흐의 피살. 각본을 쓴 아얀 히르시 알리는 협박에 시달린다.

2005년. 덴마크 신문 〈윌란스포스텐〉에서 만평 12컷을 게재하는데 그중 11컷이 무함마드를 풍자한 것이었다. 그 결과 여러 나라에서 폭력시위가 발발했다.

참고문헌

제1장 언론의 자유

R. Dworkin, 'The Right to Ridicule', *New York Review of Books*, 53/5 (23 Mar. 2006).

T. M. Scanlon on 'Ethics Bites' podcast. www.open2.net/ethicsbites/에서 청취 및 녹취록 열람이 가능하다.〔현재는 https://www.open.edu/openlearn/history-the-arts/philosophy/ethics-bites?trackno=2에서 자료를 이용할 수 있다.〕

A. Meiklejohn, 'Freedom of Speech', in P. Radcliff (ed.), *Limits of Liberty: Studies of Mill's* On Liberty (Belmont, CA: Wadsworth, 1966), pp. 19-26.

J. S. Mill, *On Liberty* (1859; Harmondsworth: Penguin, 1974).〔존 스튜어트 밀,『자유론』, 개정판, 서병훈 옮김, 책세상, 2018; 개정판, 박홍규 옮김, 문예출판사, 2022.〕 만원 극장에서 '불이야!'를 외칠 수 있는 자유는 언론의 자유로 볼 수 없다는 올리버 웬들 홈스 주

니어의 소견은 G. Edward White, *Oliver Wendell Holmes Jr* (Oxford: Oxford University Press, 2006)에서 인용했다. 화이트는 홈스가 "명백히 현존하는 위험"이라는 그 자신의 기준을 이후의 사건들에서는 일관되게 적용하지 못했다고 지적한다.

특수한 환경이 자유에 대한 특별한 제한을 정당화한다는 홈스의 선언은 '*Schenck v. United States* 249. U.S. 47 (1919)', in R. A. Posner (ed.), *The Essential Holmes* (Chicago, IL: University of Chicago Press, 1992), p. 315에서 인용했다.

"진리를 시험하는 가장 좋은 방법"은 G. Edward White, *Oliver Wendell Holmes Jr* (Oxford: Oxford University Press, 2006), p. 110에서 인용했다.

영국 검찰청(Crown Prosecution Service)의 수 헤밍의 말은 BBC 웹사이트 http://news.bbc.co.uk/2/hi/uk_news/6235279.stm에서 인용했다.

제2장 사상의 자유시장?

존 스튜어트 밀의 말은 펭귄클래식판 J. S. Mill, *On Liberty* (Harmondsworth, 1974), pp. 123, 76, 105, and 119에서 인용했다.

어빙이 반발한 대목은 D. Lipstadt, *Denying the Holocaust: The Growing Assault on Truth and Memory* (Harmondsworth: Penguin, 1994), p. 181에서 찾아볼 수 있다.

판사의 논평은 D. Lipstadt, *History on Trial: My Day in Court with David Irving* (New York: HarperCollins, 2006), pp. 274-5에서 찾아볼 수 있다.

어빙이 캘거리에서 했던 발언은 D. Lipstadt, *History on Trial*, p. 84에서 인용했다.

앨런 더쇼비츠의 말은 D. Lipstadt, *History on Trial*, p. 304에서 인용했다.

로버트 메이의 말은 R. Dworkin, 'The Right to Ridicule', *New York Review of Books*, 53/5 (23 Mar. 2006), p. 281에서 인용했다.

제3장 모욕 주고받기

P. Tatchell, *New Humanist*, 117/3 (Autumn 2002).

Stewart Lee, podcast 〈*Thought for the World*〉, 23 February 2007, www.thoughtfortheworld.org/media/2007-02-11_stewartlee.mp3.〔현재는 www.stewartlee.co.uk/written-for-love/scottish-humanists-podcast/에서 녹취록을 열람할 수 있다.〕

L. Appignanesi (ed.), *Free Expression is No Offence* (London: Penguin in association with PEN, 2005)에서 로언 앳킨슨('The Opposition's Case', p. 60)과 필립 헨셔('Free Speech Responsibly', pp. 76-7), 구르프리트 카우르 바티('A Letter', p. 28)의 말을 인용했다.

O. Kamm, 'New Labour: The Tyranny of Moderation', *Index on Censorship*, 36/2 (2007), 84.

R. A. Posner, 'The Speech Market and the Legacy of Schenck', in L. C. Bollinger and G. R. Stone (eds.), *Eternally Vigilant: Free Speech in the Modern Era* (London: University of Chicago Press, 2002), p. 136.

이슬람교 교리에 대한 알리의 비판은 A. H. Ali, *Infidel: My Life* (London: The Free Press, 2007), p. 314에서 인용했다. 〔아얀 히르시 알리, 『이슬람에서 여자로 산다는 것』, 개정판, 추선영 옮김, 알마, 2015.〕

그 외 알리의 말은 A. H. Ali, *The Caged Virgin: A Muslim Woman's Cry for Reason* (New York: Free Press, 2006), pp. 157, 141, and 154에서 인용했다.

K. Malik, 'Don't Incite Censorship', *Index on Censorship*, 36/2 (2007), 81.

제4장 포르노그래피 검열

포르노그래피에 대한 논쟁적 정의는 C. MacKinnon, *Only Words* (London: HarperCollins, 1995), p. 87을 보라. 〔캐서린 A. 매키넌, 『포르노에 도전한다』, 신은철 옮김, 개마고원, 1997.〕

F. Schauer, *Free Speech: A Philosophical Enquiry* (Cambridge: Cambridge University Press, 1982), p. 181.

언론 자유의 한 쟁점으로서 포르노그래피에 관한 매키넌의 언급은 *Only Words*, p. x, p. 14("자포자기의 …… 여성들"), p. 13("포르노그래피를 …… 실행")에서 찾아볼 수 있다.

B. Williams (ed.), *Obscenity and Film Censorship: An Abridgement of the Williams Report* (Cambridge: Cambridge University Press, 1981), p. 57.

"수극적 자유의 본질"은 R. Dworkin, 'Liberty and Pornography', *New York Review of Books*, 38/4 (15 Aug. 1991)에서 인용했다.

"자유주의자들은 포르노그래피를 옹호"한다는 대목은 R. Dworkin, 'Women and Pornography', *New York Review of Books*, 40/17 (21 Oct. 1993)에서 인용했다.

메이플소프에 관한 언급은 A. Mahon, *Eroticism and Art* (Oxford: Oxford University Press, 2005), pp. 230-1에서 인용했다.

제5장 인터넷 시대의 언론 자유

R. A. Posner, 'The Speech Market and the Legacy of Schenck', in L. C. Bollinger and G. R. Stone (eds.), *Eternally Vigilant: Free Speech in the Modern Era* (London: University of Chicago Press, 2002), p. 150.

C. R. Sunstein, 'The Future of Free Speech', in L. C. Bollinger and G. R. Stone (eds.), *Eternally Vigilant: Free Speech in the Modern Era* (London: University of Chicago Press, 2002), p. 285.

결론: 언론 자유의 미래

소크라테스의 말은 Plato, *The Apology* 37e-38b, *Last Days of Socrates*, rev. H. Tarrant (London: Penguin, 2003)에서 인용했다. [플라톤, 「소크라테스의 변론」, 『플라톤전집 I』, 개정판, 천병희 옮김, 도서출판 숲, 2017.]

H. Kennedy, 'Postscript', in L. Appignanesi (ed.), *Free Expression is No Offence* (London: Penguin in association with PEN, 2005), p. 246.

R. Dworkin, 'The Right to Ridicule', *New York Review of Books*, 53/5 (23 Mar. 2006).

독서 안내

언론의 자유에 관한 일반론

The A–Z of Free Expression (London: Index on Censorship, 2003)은 이 주제를 여러 측면에서 논한 작가들의 글을 뽑아 수록했다. 로널드 드워킨의 에세이 「검열의 새로운 지형A New Map of Censorship」도 나온다.

Lisa Appignanesi (ed.), *Free Expression is No Offence* (London: Penguin in association with PEN, 2005)는 영국에서 종교적 증오 선동 금지 법안이 발의된 데 자극받아 언론의 자유를 옹호하는 작가들이 쓴 매우 흥미로운 에세이 모음집이다. 살만 루슈디와 로언 앳킨슨, 필립 헨셔, 필립 풀먼, 마이클 이그나티에프, 하니프 쿠레이시, 애덤 스미스, 헬레나 케네디가 필진으로 참여했다. 이 책은 전 세계인, 특히 작가와 예술가의 표현의 자유를 위해 싸우는 조직인 PEN과 협력해 출판되었다. PEN에 관한 더 자세한 사항은 www.englishpen.org를 참고하라.

Eric Barendt, *Freedom of Speech*, 2nd edn. (Oxford: Oxford

University Press, 2005). 미디어법학 교수가 쓴 이 책은 법률적, 헌법적 쟁점을 다루지만 정치적, 철학적 사유에도 의지한다. 아마도 현시점에서 이 주제를 가장 포괄적으로 다룬 책일 것이다. 본서(와 여타 관련 저서)에서 제기한 문제 대부분을 더 상세히 논하면서 주요 법률 사례도 소개한다.

Lee C. Bollinger and Geoffrey R. Stone (eds.), *Eternally Vigilant: Free Speech in the Modern Era* (Chicago: University of Chicago Press, 2002)는 수정헌법 제1조의 쟁점에 관한 탁월한 선집으로, 스탠리 피시와 리처드 A. 포스너, 프레더릭 샤워, 캐스 R. 선스타인 등의 에세이가 실려 있다.

Alan Haworth, *Free Speech* (London: Routledge, 1998)는 언론의 자유를 철학적으로 폭넓게 논한다.

John Durham Peters, *Courting the Abyss: Free Speech and the Liberal Tradition* (Chicago: University of Chicago Press, 2005)은 영미의 언론 자유의 전통에 관한 최근 연구서다.

T. M. Scanlon, *The Difficulty of Tolerance: Essays in Political Philosophy* (Cambridge: Cambridge University Press, 2003)에는

언론의 자유에 관한 중요 논문이 몇 편 실려 있다. [토머스 스캔런, 『관용의 어려움』, 이민열 옮김, 서울대학교출판문화원, 2021.]

Frederick Schauer, *Free Speech: A Philosophical Enquiry* (Cambridge: Cambridge University Press, 1982)는 이 주제를 명료하고 논리정연하게 다루며 오늘날의 논쟁에도 여전히 유의미한 시사점을 제공한다.

역자 후기

 우리가 언론의 자유에 관심을 기울이는 이유는 간단하다. 인간의 본성이 자유를 향하고, 자유는 말과 글을 비롯한 표현 행위를 통해 성취되기 때문이다. 하지만 온전한 자유를 누리는 데는 많은 제약이 따른다. 루소가 『사회계약론』 첫 장을 열며 천명하듯 "사람은 날 때부터 자유로우나 어딜 가든 족쇄에 묶여" 있다. 우리는 표현을 하기 전까지는 자신이 생각하는 바가 무엇인지 정확히 모른다. 내가 품고 있던 모호한 생각은 표현을 하는 과정에서 분명해지고, 때로는 나도 몰랐던 나의 생각을 발견하기도 한다. 그리고 우리는 그렇게 표현된 생각을 서로 (동의하든 안 하든) 교환하며 나를, 너를 긍정적으로 변화, 발전시킨다.[1] 물론 모든 표현이 우리에게 선한 영향만 미치지는 않는다. 누군가의 말과 글은 (의도적으로든 아니든) 진실을 호도하고, 폭력을 부추기고, 상대방에게 (직접적으로나 간접적으로) 회복할 수 없는 상처를 입히기도 한다. 어딘가에는 선을 그어야만 한다. '남한테 해를 끼치지만 않는다면 무슨 말이든 해도 좋다'는 원리는 일견 보편타당하다. "하지만 악마는 디테일에 있다."[2]

나이절 워버턴(1962~)은 책과 칼럼, 강연, 팟캐스트를 통해 철학을 쉽게 알려주는 것으로 정평이 난 영국의 공공 철학자다. 저자가 발표한 다른 저술들을 훑어보면 알 수 있듯 그는 정치, 윤리, 미학 분야에도 해박한데, 본서 『언론의 자유 *Free Speech*』는 이런 그의 다양한 관심사와 식견이 동명의 주제 아래 조화롭게 응집된 저작이다. 제1장은 '언론(공적 성격)'과 '자유(소극적 의미)'의 개념을 정의하고, 언론의 자유를 지지하는 주요 논증(미끄러운 비탈, 도구, 도덕 논변)을 검토한 후 오늘날 언론 자유의 문제를 표면화한 결정적 사건(『악마의 시』와 덴마크 만평)을 소개한다. 제2장에서는 존 스튜어트 밀의 고전적 자유주의에 기반한 언론 자유 옹호론을 살펴보면서 그가 제시한 '해악의 원칙'과 논증(무오류, 죽은 도그마, 부분

---

1) 본서 제1장('언론'이란 무엇을 뜻하는가?) 참조.

2) Stephen Law, 'Should I be allowed to whatever I want?', *What am I Doing with My Life?*, London: Rider, 2020.

적 진리 논변)을 이해하고, 현대의 상황과 관련해 그 한계(진정한 해악은 물리적 해악이며, 모든 표현은 참과 거짓일 수 있다는 대전제)를 지적한다. 제3장은 밀의 접근법으로는 다루기 힘든 작금의 갈등 양상(표현의 진위보다는 존중과 무례)을 조명하며 신성모독(기독교, 이슬람교)과 혐오 발언(신나치의 반유대인 시위)의 사례를 통해 상충하는 두 가치(종교·신념의 자유 vs 언론의 자유) 각각의 유익과 그에 뒤따르는 비용을 따져본다. 제4장 역시 전통적 자유주의 견지에서는 논하기 까다로운 현시대의 쟁점(심리적 해악의 문제)을 제시하며 포르노그래피는 표현의 자유를 보장받을 가치가 있는 의사 전달인가, 예술과 외설의 경계는 어디인가, 예술은 (단지 예술이라는 이유로) 검열의 대상에서 제외해야 하는가를 고찰한다. 제5장은 언론의 자유에 날개를 달아준 인터넷이라는 새로운 의사소통 수단이 어떻게 인간에게 기여하고, 또 반대로 위험을 초래할 수 있는지를 논한다. 아울러 저작권을 두고 맞서는 창작자와 사용자의 이해관계 사이에서 이루어진 현실적 타협(창작자 사후 70년의 보호 기간)이 정당한지를 재고한다.

『언론의 자유』는 '아주 짧은 안내서' 중에서도 아주 짧은 축에 속한다. 첫 출간이 2009년이니, 단순히 (한시적인) 사회현상을 건드리는 책으로서 접근하면 오래된 감도 없지 않다. 그러니 그만큼 내용이 압축적이고 함축적인 탓에 허술하거나 난해하진 않을까, 시류에 다소 뒤떨어진 철 지난 이야기를 하진 않을까 싶은 생각도 들 수 있지만 그런 의심은 크게 할 필요가 없다. 우선, 저자가 탐구하는 물음들은 근본적으로 철학적이고 도덕적이다. 달리 말해 본서는 매 순간 긴요하기는 하나 당장에 화급하지는 않은 주제를 다룬다. 따라서 늘 곁에 두어 읽고 사색하기 좋은, 짧지만 생명력이 긴 책이다. 이 책의 매력 또하나는 우리가 언론의 자유를 논할 때면 꼭 등장하는 주요 쟁점과 찬반 주장들을 (단순하게가 아니라) 명료하게 소개한다는 데 있다. 논지를 전개할 때는 기본 개념을 분명히 정의하고, 풍부한 예시로 논점을 제대로 파악할 수 있게 도와준다. '언론의 자유'는 우리에게 (그 담론의 층위가 얼마나 두텁고 체계적이든지 간에) 제법 친숙하고 한국 사회와도 밀접한 연관이 있는 화두임에 틀림없지만, 본서가 영미권의 사회문화를 배경으로 쓰였기에 저자가 제시하는 사례와 강조점이 우리와 얼마간 멀게 느껴질 수도 있다. 그럼에도 이 주제를 둘러싼 갈등의 성격과 구조는 본질적으로 동일하므로, 우리가 당면한 특수한 상황에 비추어 이 책을 정독하고, 또 니캉 내캉 토론한다면 '자유'와 '표현'이 우리 삶에서 차지하는 의미와 중요성을 더 잘 이해하게 될 것이다.

마지막으로, 독자들께 이 멋진 책에 곁들여 감상하면 좋을 영화를 몇 편 추천해드린다.

〈나는 부정한다Denial〉, 믹 잭슨 감독, 2016.

제2장에서 살펴본 바 있는 '데버라 립스탯 vs 데이비드 어빙'의 재판(1996~2000)을 충실히 극화한 작품이다. '팩트로만 질식'시키겠다는 입증 전략을 실행하는 과정이 밀도 있고 흥미진진하게 펼쳐진다. 립스탯의 승소는 과연 발언의 자유를 위협하는 판결일까, 아니면 그녀의 말대로 바로 이 자유를 수호하기 위한 결정일까?

〈디 벨레Die Welle〉, 데니스 간젤 감독, 2008.

민주주의의 가치를 가르치기 위해 시작한 '독재정치' 실험이 작은 교실을 넘어 걷잡을 수 없는 방향으로 치닫는다. 1967년 미국의 한 고등학교 교사가 학생들에게 파시즘을 이해시키려고 기획한 가상의 사회운동을 모티프로 한 영화로, 자유를 향한 인간의 신념과 헌신이 얼마나 쉽게 붕괴할 수 있는지를 사실감 있게 그린다.

〈송환〉, 김동원 감독(푸른영상), 2004.

'송환'이라는 낱말은 이미 우리 사회에서 폐어가 된 듯하다. 이 작품은 '비전향' 장기수 63명이 북송되기까지 8년

(1992~2000년) 간의 세월을 기록한 다큐멘터리다(사실상 '강제' 전향한 46명은 제외되었다). 사상과 표현의 자유를 정교한 개념 분석과 논증으로 정당화하는 일은 가능할지 몰라도 그것을 구현하기에 지금, 이곳은 어지간히 다이내믹하다.

⟨일 포스티노Il Postino⟩, 마이클 래드퍼드 감독, 1994.
정치적 탄압을 피해 이국의 작은 섬마을로 온 유명 시인에게 마을의 이름 없는 청년 하나가 자기도 뭐든 하고 싶은 말을 잘하는(그럼 여자들도 좋아할 테니) 시인이 되고 싶노라 수줍게 고백한다. 그러자 시인이 대답한다. "좀 서툴러도 자네 소신대로 말을 할 수 있는 게 훨씬 낫지. 남들이 듣고 싶어하는 말만 잘하는 시인이 될 바엔 말일세."

도판 목록

1. 올리버 웬들 홈스 주니어 026
   Courtesy of the Library of Congress

2. 런던 주재 덴마크 대사관 밖에 집결한 이슬람교 시위자들, 2006년 2월 037
   ⓒ Rex Features

3. 존 스튜어트 밀 043
   ⓒ National Portrait Gallery/Roger-Viollet/TopFoto.co.uk

4. 데이비드 어빙 063
   ⓒ Hans Pun/AP Photo/Empics 5 Tiananmen Square, 1989

5. 톈안먼광장, 1989년 066
   ⓒ Stuart Franklin/Magnum Photos

6. 〈브라이언의 일생〉 083
   ⓒ Hulton Archive/Getty Images

7. 〈제리 스프링어—디 오페라〉 084
   ⓒ Colin Willoughby/TopFoto.co.uk

8. 캐서린 매키넌 108
   ⓒ Time & Life Pictures/Getty Images

9. 안드레스 세라노, 〈오줌 그리스도〉 133
   ⓒ Andres Serrano, Courtesy of Yvon Lambert Paris, New York

10. 〈소크라테스의 죽음〉(1787). 독배를 마시려는 소크라테스를 그린 자크루이 다비드의 그림 169
    ⓒ Metropolitan Museum of Art, New York/World History Archive/TopFoto.co.uk

11. 책을 불태우는 나치 170
　　ⓒ 2002 Feltz/TopFoto.co.uk

언론의 자유
FREE SPEECH

초판 1쇄 인쇄 2025년 10월 10일
초판 1쇄 발행 2025년 10월 20일

지은이 나이절 워버턴 **펴낸곳** (주)교유당 **펴낸이** 신정민
옮긴이 박준영 **출판등록** 2019년 5월 24일
  제406-2019-000052호
편집 이경숙 이희연 이고호 **주소** 10881 경기도 파주시 회동길 210
디자인 최효정 유현아 **전자우편** gyoyudang@munhak.com
저작권 박지영 형소진 주은수 오서영 조경은 **문의전화** 031-955-8891(마케팅)
마케팅 김다정 박재원 031-955-2680(편집)
브랜딩 함유지 박민재 이송이 박다솔 조다현 031-955-8855(팩스)
  김하연 이준희 복다은 **홈페이지** www.gyoyudang.com
제작 강신은 김동욱 이순호 **페이스북** @gyoyubooks
제작처 한영문화사(인쇄) 한영제책사(제본) **트위터** @gyoyu_books **인스타그램** @gyoyu_books

ISBN 979-11-94523-30-7 03300

- 교유서가는 (주)교유당의 인문 브랜드입니다.
  이 책의 판권은 지은이와 (주)교유당에 있습니다.
  이 책 내용의 전부 또는 일부를 재사용하려면 반드시 양측의 서면 동의를 받아야 합니다.